管超 编著

赤色玫瑰
德里克·罗斯传

DERRICK ROSE

北京时代华文书局

图书在版编目（CIP）数据

赤色玫瑰：德里克·罗斯传 / 管超编著. -- 北京：北京时代华文书局, 2025. 5. --ISBN 978-7-5699-6049-5

Ⅰ. K837.125.47

中国国家版本馆CIP数据核字第20254WV387号

CHISE MEIGUI DELIKE LUOSI ZHUAN

出版人：陈　涛
选题策划：董振伟　直笔体育
责任编辑：马彰羚
装帧设计：王　静　段文辉
责任印制：訾　敬

出版发行：北京时代华文书局 http://www.bjsdsj.com.cn
　　　　　北京市东城区安定门外大街138号皇城国际大厦A座8层
　　　　　邮编：100011　电话：010-64263661　64261528

印　　刷：北京盛通印刷股份有限公司
开　　本：710mm×1000mm 1/16　　成品尺寸：170mm×240mm
印　　张：15　　字　　数：223千字
版　　次：2025年5月第1版　　印　　次：2025年5月第1次印刷
定　　价：68.00元

本书图片由视觉中国提供。

版权所有，侵权必究

本书如有印刷、装订等质量问题，本社负责调换，电话：010-64267955。

德里克·罗斯
DERRICK ROSE

目录

开篇 001

第一章　逆境成长
第一节　黑暗街区 002
第二节　母慈兄厉 007
第三节　震惊全美 011
第四节　遗憾丢冠 016

第二章　积蓄力量
第一节　玫瑰如愿入风城 024
第二节　新秀赛季追乔丹 028
第三节　斩获最佳新秀 032
第四节　酣战绿军造神迹 042

第三章　蓄势待发
第一节　拒绝新秀墙 050
第二节　酣战詹姆斯 056
第三节　疯狂的玫瑰（上） 064
第四节　疯狂的玫瑰（下） 072

第四章　完美绽放
第一节　风城 MVP 080
第二节　冲击东部决赛 088
第三节　再战詹皇 096
第四节　最后的巅峰 101

第五章　风城之殇（上）
第一节　罗斯条款　　　　　　112
第二节　霉运不断　　　　　　117
第三节　生涯分水岭（上）　　122
第四节　生涯分水岭（下）　　127

第六章　风城之殇（下）
第一节　复出还是等待　　　　134
第二节　再度重伤　　　　　　140
第三节　玫瑰归来　　　　　　144
第四节　第三次膝伤　　　　　148

第七章　暗夜前行
第一节　三次膝伤打不倒　　　154
第二节　重返季后赛　　　　　158
第三节　激战詹姆斯　　　　　163
第四节　无力救主　　　　　　169

第八章　随风漂泊
第一节　渐行渐远　　　　　　176
第二节　告别风城　　　　　　181
第三节　再度报销　　　　　　186
第四节　联手詹姆斯　　　　　190

第九章　不说凋零
第一节　转战明尼苏达　　　　198
第二节　50分之夜　　　　　　202
第三节　新的挑战　　　　　　208
第四节　生涯终点　　　　　　214

名场面　十大经典战役　　　219
梦之队　奥运会成为永远的遗憾　229

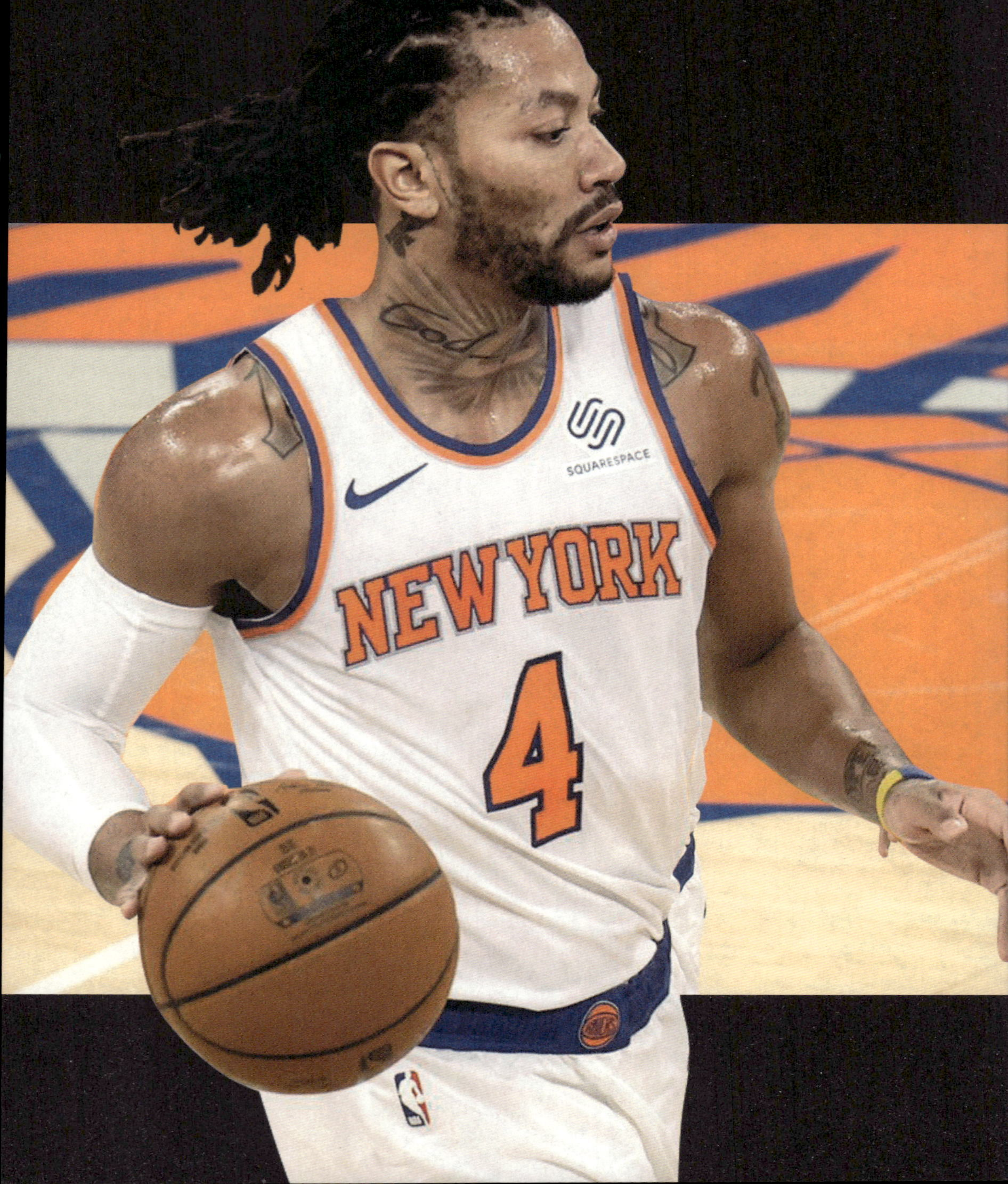
SQUARESPACE
NEW YORK
4

开篇

玫瑰的故事　不只"永不凋零"

　　2024年9月26日，德里克·罗斯正式宣布退役，结束了自己辉煌又坎坷的职业生涯。

　　16年的时间里，罗斯在精神层面催生的感动，远比赛场之上带来的震撼要多。数次大伤难以磨灭他的不屈斗志，50分之夜感天动地也足够催泪。在篮球圈里，"永不凋零"四个字似乎可以与德里克·罗斯画上等号。

　　然而，他璀璨的生涯又岂是这简简单单的四个字能够概括的？

　　他曾睥睨天下，不到23岁便登上最有价值球员的宝座，收获极致的个人荣誉；

　　他曾独步联盟，悬停上篮、变向突破，演绎炸裂天赋，无人能出其右；

　　他曾一身傲气，拒绝抱团，独斗"三巨头"，演绎热血的个人英雄主义。

　　这些让人热血沸腾的画面如今看来恍如隔世，似乎遥不可及。在时间层面不过是过去了16年而已，但站在罗斯职业生涯的角度回溯，他所经历的挫折、变故和挣扎太多太多，让这些画面显得那么遥远。

　　命运从2012年开始，将所有的泥泞沼泽都放到了他前进的路上，他的膝盖一次次地被伤病摧残，他的天赋一点点地被上帝收回。他一次又一次的不屈的抗争，换回的是一次又一次的更为沉重的打击。上帝将他馈赠给罗斯的礼物全部收回，那一身傲骨除外。

于是，我们在接下来的时光中，看到了这样的罗斯——他独自扛下了从天之骄子到泯然众人的巨大落差；他拒绝沉沦，依靠实力而不是情怀，从底薪球员一次次重新成为联盟的焦点；他眉眼间的傲气逐渐被藏起，但一身傲骨支撑着他王者归来。尽管他永远不可能到达人们期望的巅峰，但顶着残破的膝盖塑造的后公牛队生涯，已经足够让人血脉偾张、脱帽致敬。这些故事远比"永不凋零"四个字来得沉重。

在巅峰时他一身傲气，欲与天公试比高，每个夜晚都肆意地彰显着自己的天赋，他是那么璀璨、那么夺目。

在低谷时他不失傲骨，忘却MVP（最有价值球员奖，也指获得该奖项的球员）的辉煌甘做替补，忘却一步腾飞的天赋，硬生生地从数次大伤的摧残之中重新振作。

这便是德里克·罗斯的魅力。

退役前，他自愿放弃了合同中剩余的工资，昂首离去，果断坚决一如往常。

告别时，带着走过坎坷征途后的坦然，他说："每个人的故事都不同。不知为何，我的故事最终变成了这样。作为芝加哥人，我们随遇而安，接受一切。"

这便是德里克·罗斯的故事，它远比"永不凋零"更精彩。

003

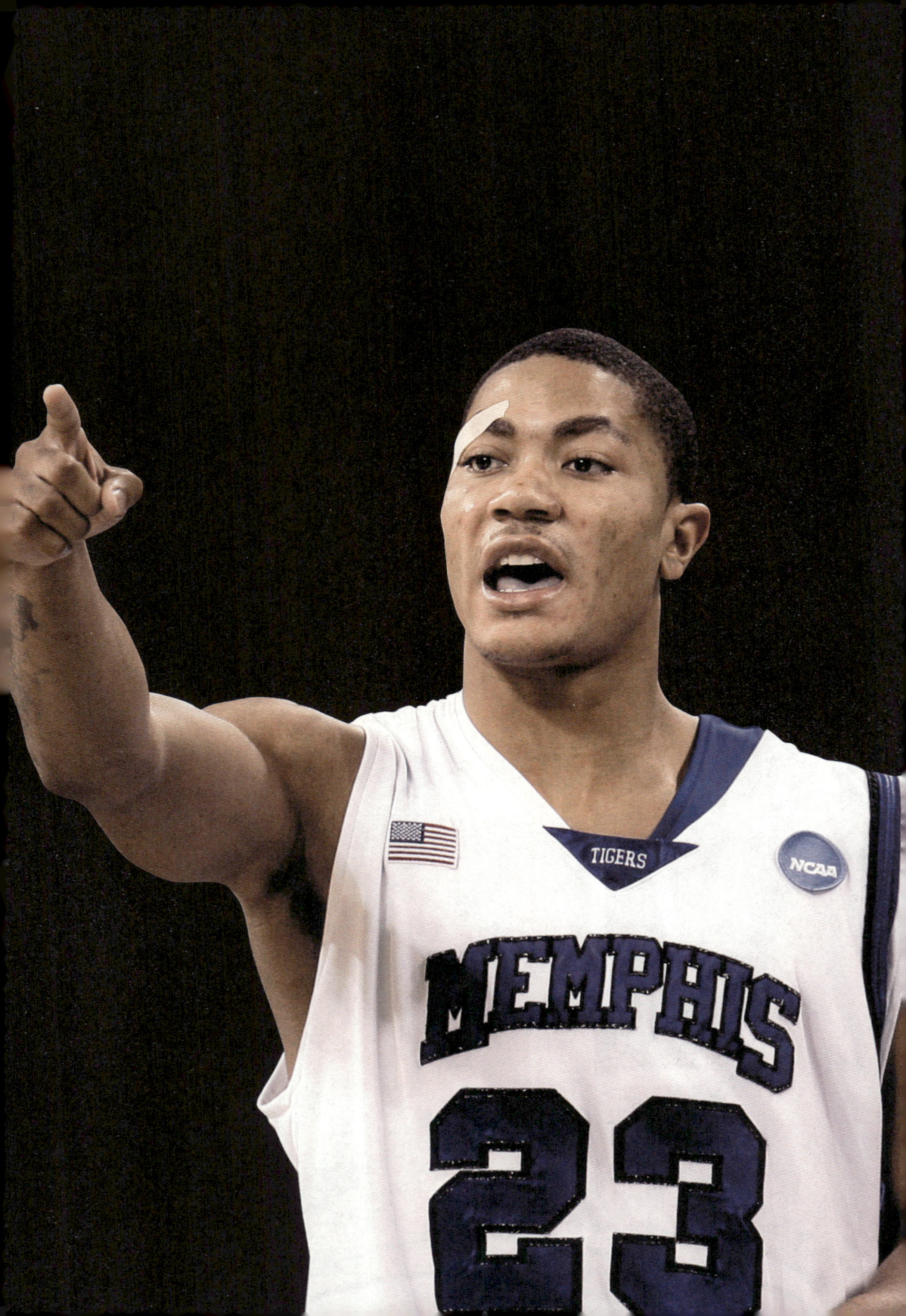
TIGERS
NCAA
MEMPHIS
23

第一章·
逆境成长
ROSE

第一节
黑暗街区

纵观许多NBA（美国国家篮球协会，通常也指该协会主办的美国男子篮球职业联赛）本土球星的成长史，会发现充斥着未曾谋面的父亲、勤勉的单身母亲、暴力的街区和聊以慰藉的篮球，而对出生于芝加哥英格伍德街区的**德里克·罗斯**而言，他可谓样样不缺。

生于忧患

芝加哥的英格伍德是全美知名的暴力街区。在2017年曾有统计，芝加哥人口连续3年呈下降趋势，3年间总人口减少近1.4万，其中主要是非裔居民。他们大多聚居于英格伍德、西英格伍德和奥斯丁这三大区。

据芝加哥大学统计，在2017年之前的15年间，仅英格伍德就发生了4282起枪击案。在这里，几乎每天都能听到枪击声和警笛声，周围人早已见怪不怪。

1988年10月4日，罗斯就出生在这里，由母亲布伦达独自抚养长大。他是家里最小的男孩，上面还有3个哥哥，分别是德维恩（大他16岁）、雷吉（大他14岁）和阿兰（大他7岁）。布伦达在小儿子刚出生时就动了搬家的念头，毕竟当地单亲妈妈众多，且大多放任孩子们在外面闲逛，风险极大。

布伦达不是唯一动了搬家念头的人。从2000年到2015年，三大区总人口流失已达5万左右，搬家似乎成了当地居民脱离苦海的唯一选择。

罗斯在接受常规赛 MVP 颁奖时拍摄的全家福（从左至右依次为：二哥雷吉、罗斯、母亲布伦达、三哥阿兰、大哥德维恩）。

但碍于经济窘迫，布伦达始终没能离开，也就此过上了提心吊胆的生活。曾经，只要听见街头有响动，布伦达就会第一时间冲出房门，将孩子们拉回家。罗斯后来回忆故乡时也说过："每次在红绿灯前停下来四处张望，你总会觉得有人在偷偷靠近你。为何总会发生这种事，我真心不明白。你总在担心今天是否是自己的最后一天。"

甜蜜之家

据布伦达介绍，他们一家是1973年搬迁到英格伍德的，起初住在狮子街3号，可谓家徒四壁。罗斯的二哥雷吉回忆称，他们兄弟4人很早就抱团，生为幼子的罗斯总是最受照顾。罗斯的大哥德维恩则感慨称，成长过程中有太多负面因素，危险总是守候在家门口，而他厌倦于将自己和贫穷、失业等字眼联系起来。

在英格伍德成长，罗斯的大哥和三哥也不可避免地沾染上一些不良习气，但对于家里最小的弟弟，哥哥们却打定主意要让他出淤泥而不染，永远保持一颗童真的心。曾经，因年龄幼小而不辨是非的罗斯，也想要追随哥哥们的脚步，吵嚷着要和哥哥们一起混迹街头。但每到此时，往日和蔼可亲的哥哥们都会立刻变换神色，一脸严肃地告诉年幼的罗斯："这些不是你该做的，你要做的是去学校上学，去参加体育运动，因为体育是你唯一的出路。"

橙色的精灵

罗斯的三个哥哥都喜爱篮球，都是公牛队的铁杆球迷，天赋也都不错，二哥雷吉还曾是篮球教练。他们也很早就将这份对篮球和公牛队的热爱，深

CHICAGO BULLS

童年时期的罗斯身穿印有公牛队标志的外套。

深植入了幼小的罗斯的心灵中。哥哥们将罗斯带上篮球场，且很快惊异地发现，他们的小弟弟才是全家篮球天赋最出众的。通常他们三兄弟都需要长时间训练才能掌握的高难度动作，罗斯却能很快学会。对罗斯而言，篮球就好比一个橙色的精灵。

母亲布伦达得知这一切后，虽然对篮球一窍不通，但做出了最明智的选择——将罗斯交给三个哥哥来培养。此后，哥哥们就在罗斯的生活中扮演了多重角色，既是篮球启蒙恩师，又是对他无微不至的大哥，还是可信赖的保镖。在哥哥们的保护下，罗斯的生活简单到无趣，学校、家里和球场三点一线，日复一日，年复一年。

多年后，谈到出生于英格伍德的自己为何能远离麻烦，罗斯说："也许是因为我足够聪明吧。"说完，他笑了，因为他深切明白真正的原因是什么。

正所谓"天将降大任于是人也，必先苦其心志，劳其筋骨，饿其体肤……"许多NBA球星都有相似的经历，早年的艰难困苦如同穿在身上的破衣裳，阳光照耀也会闪闪发光。篮球是他们的避风港，是旅途中的小屋，是荒漠中的甘泉。而家人的陪伴则如同一把大伞，替他们挡住风霜雨雪。

第二节 母慈兄厉

"小荷才露尖尖角,早有蜻蜓立上头。"随着罗斯在芝加哥球场声名鹊起,他也得到了广泛的关注,各路球探蜂拥而来,想要一睹这位**天才篮球少年**的风采。

强硬第一步

尽管英格伍德街区在全美臭名昭著,但回首往事,罗斯却该感谢芝加哥各地的球场,他在那里迈出了篮球生涯的第一步。在"风之城"的街球场上,所谓犯规是不存在的,规则的极度宽松造就了野蛮粗犷的球风。而每天充斥球场的强硬犯规,对罗斯而言也是稀松平常,他也借此打下了扎实的基础。

罗斯被三个哥哥发掘出的篮球天赋也得到充分展现。据传,还不到10岁的罗斯,就能够在一对一的较量中让哥哥们成为手下败将,并让各路球探将一张张名片塞进自己的手中,甚至有的球探还会亲自前来,叩响罗斯家的房门。

面对如潮的赞美还能保持清醒冷静的头脑,这样的人是不同凡响的,罗斯的母亲布伦达就是这样一位女性。从芝加哥当地走出了不少日后在NBA名声大噪的巨星,比如"微笑刺客"以赛亚·托马斯三世、"狼王"凯文·加内特、"浓眉哥"安东尼·戴维斯,但也有不少曾经的天才最终泯然众人矣。而让布伦达引以为戒的,就是芝加哥当地一位被埋没的天才罗尼·菲尔茨。

罗斯与三个哥哥一起拍摄合影。

引以为戒

菲尔茨何许人也？如今的球迷或许对他很陌生，但当年在芝加哥，他却是家喻户晓的人物。坊间流传着许多关于菲尔茨的传说：有人称菲尔茨在高中时就能完成罚球线起跳扣篮，因为他的存在，文斯·卡特竟一度不敢参加全美高中扣篮大赛；菲尔茨的垂直弹跳达到1.27米，不但超过了卡特（1.09米），甚至还超过了迈克尔·乔丹（1.16米）；还有人称，菲尔茨曾在高中时和加内特"斗牛"，结果加内特以1∶11惨败。

但1996年2月26日的一场车祸，导致菲尔茨脖子严重受伤，不得不戴上护具。他的篮球生涯也因此急转直下，甚至1998年参加NBA选秀他竟名落孙山，一度只能混迹于次级别联赛。

当然，从菲尔茨的遭遇中，人们并不能得出"将天才篮球少年过早推向社会将影响其篮球生涯"这样的结论，但这也让布伦达深刻体会到，若想让儿子成功发挥天赋，走向他应该到达的彼岸，需要对他加倍呵护。因此，不管球探们提出多么优厚的买断条件，布伦达都一一回绝。她不愿罗斯脱离自己的视线，希望凭借自己的努力让罗斯茁壮成长。

"绝情"兄长

罗斯的家人都为他倾注了巨大心血，配得上鲜花和掌声的并非只有布伦达。曾经，观看罗斯所在的AAU（美国业余体育联合会，主要面向全美的年轻运动员，他们可以在这里的球队登记，并参加AAU联赛）球队比赛的球迷总会发现，该队教练对罗斯总是苛刻到不近人情，每场比赛都会冲着罗斯大吼大叫，甚至在罗斯体能亮起红灯时，依然让他继续留在场上。但每当不知情的球迷对此怨声载道时,身边人总会提醒他:"省省吧,那个教练是罗斯的二哥雷吉。"

雷吉后来曾打趣说:"如今德里克看向我的眼神还充满着控诉,貌似我过去对他还不够狠。曾经,德里克对我们的做法也有些抵触,但当他打败了那些比自己年长的对手时,他才明白我们的良苦用心。"

这样的罗斯,已准备好在更高的舞台上锤炼自己了。或许,现役NBA球星、罗斯在AAU联赛的队友埃里克·戈登的评价,最能代表当时人们对罗斯的评价:"德里克就是最具天赋的后卫,若你连他都不喜欢,我还能和你聊什么?"

罗斯与埃里克·戈登曾经效力过同一支AAU球队。

第三节
震惊全美

2003年，罗斯加盟芝加哥当地的西米恩高中，篮球生涯迈上新台阶。或许从这一刻起，NBA对他来说也变得触手可及了。

西米恩高中是坐落于芝加哥南郊的一所名校，走出了多位NBA球迷耳熟能详的球员，除罗斯外，还有尼克·安德森（曾在1995年随魔术队打入总决赛）、贾巴里·帕克（2014年NBA榜眼秀）、鲍比·西蒙斯（2004—2005赛季NBA进步最快球员奖得主）、塔伦·霍顿·塔克（曾在2020年随湖人队夺得NBA总冠军）等。

西米恩高中最令人扼腕叹息的篮球天才，是昵称为"Benji"的本·威尔逊。他曾在1983—1984赛季率西米恩高中夺得校史首个州冠军，并被ESPN（娱乐与体育电视网）评为全美最佳高三球员，球迷赠其绰号"空中魔术师"。结果，1984年11月29日，威尔逊在一场纠纷中被枪杀，年仅17岁。为缅怀威尔逊，罗斯在高中选择了**25号球衣**。

本·威尔逊

罗斯在高中时期选择了25号作为球衣号码。

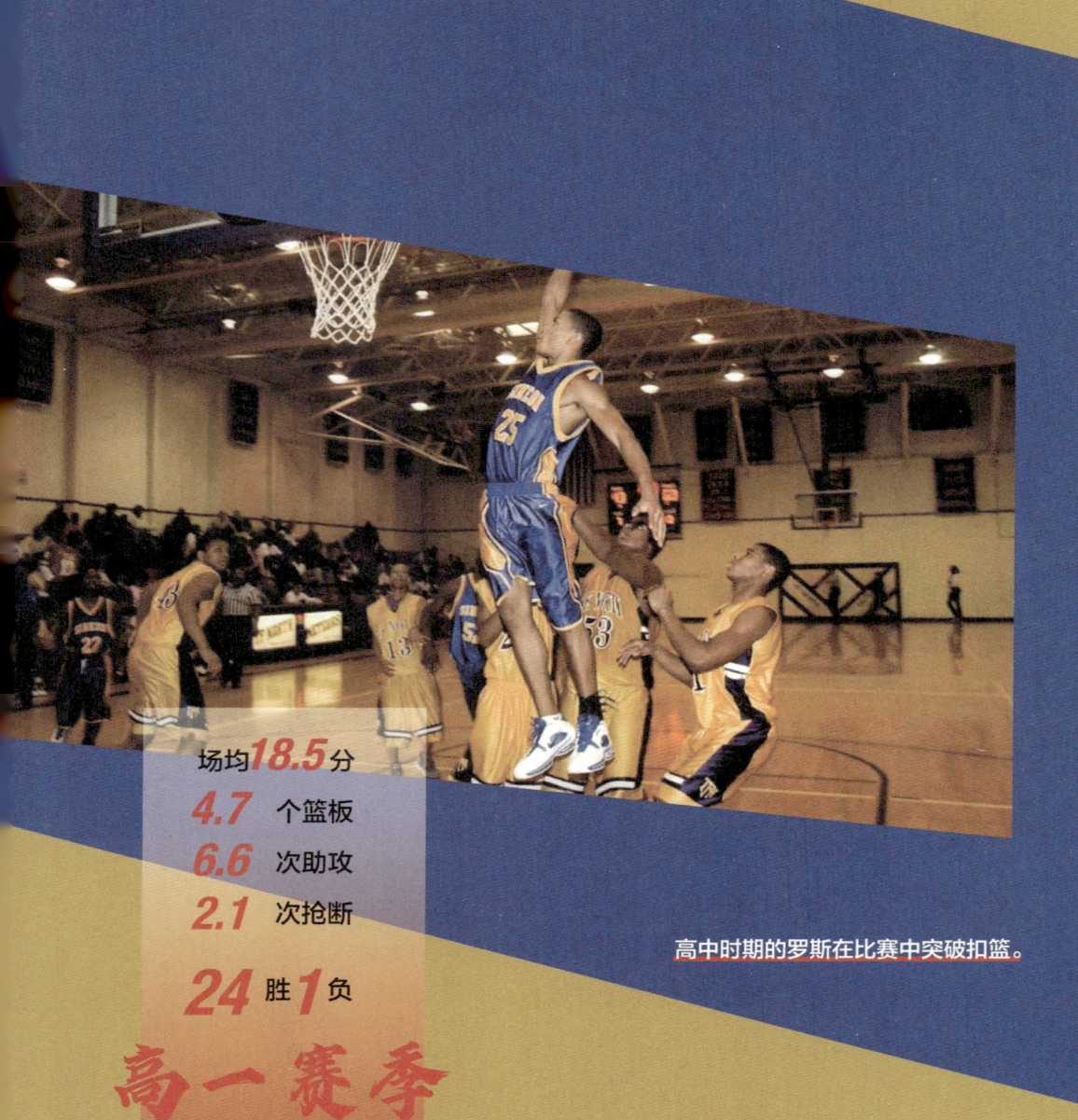

场均**18.5**分

4.7 个篮板

6.6 次助攻

2.1 次抢断

24 胜 **1** 负

高一赛季
CHICAGO

高中时期的罗斯在比赛中突破扣篮。

西米恩风暴

此时一个问题摆在罗斯面前：时任西米恩高中男篮主教练的鲍勃·汉布里克从未让高一新生升入成年校队，此次也不打算对罗斯开恩。

正所谓"今天你对我爱搭不理，明天我让你高攀不起"。高一赛季，罗斯以场均18.5分4.7个篮板6.6次助攻2.1次抢断的表现，率队夺得芝加哥市冠军，单赛季取得24胜1负。在强大的舆论压力下，汉布里克的态度也有些松动，他允许罗斯随成年队参加州锦标赛，却被罗斯一口回绝。

直到汉布里克教练下课，罗伯特·史密斯上任，罗斯才终于升入校队，而大家早已望穿秋水。罗斯的校队首秀，球馆座无虚席，挤满了各高校的球探和教练。结果，罗斯不负众望，拿下22分7个篮板5次抢断，满座皆惊。

在高三和高四赛季，罗斯如开闸的洪水倾泻而下，率队蝉联芝加哥公立学校联盟冠军，西米恩高中也成为首个连续夺得伊利诺伊州冠军的芝加哥公立高中。高四赛季，罗斯场均得到25.2分8.8个篮板9.1次助攻3.4次抢断。

各项荣誉纷至沓来。他连续3年被PARADE杂志选入全美最佳阵容。2007年他迎来大丰收，PARADE和USA TODAY不约而同将他选入全美最佳阵容，同年他还入选麦当劳全美最佳阵容，被评为伊利诺伊州篮球先生，受邀参加乔丹品牌经典赛和耐克篮球峰会。两年后，ESPN RISE杂志评选10年来最出色的高中控卫，他高居第三，仅次于克里斯·保罗和T.J.福特。

鏖战詹宁斯

罗斯高中生涯最值得铭记的比赛,自然就是2007年初率队击败橡树山高中了。比赛前两周,西米恩高中刚在麦迪逊广场花园球馆以51:53不敌肯巴·沃克领军的莱斯高中。送走了肯巴·沃克,罗斯又迎来全美高三球员排名第六、控卫排名第一的布兰登·詹宁斯(后来在NBA新秀赛季曾单场拿下55分)。

比赛开局,罗斯连续失误,西米恩高中一度以8:15落后。但这不过是罗斯表演的序曲。此后,他化身全能战将,既能上演高难度突破上篮,将球送入篮筐,也能在三分线外张弓搭箭命中,还能送出绝妙的传球。他的爆发让西米恩高中满盘皆活,上半场就以40:30反超。

下半场,罗斯越战越勇,全场18中9,拿下惊人的28分8个篮板9次助攻,

高中时期的罗斯参加训练营时与O.J.梅奥、凯文·乐福和比尔·沃克(2014年改名亨利·沃克)的合影。

率队以78∶75获胜，而詹宁斯全场19分全部来自下半场。终场前眼看大势已去，詹宁斯被换下，还用球衣包住头，痛哭失声。这也是橡树山高中该赛季唯一的败仗（41胜1负）。

赛后，知名选秀网站Draft Express直言："罗斯和全美高三顶级控卫詹宁斯的对决有些令人失望。罗斯统治全场，詹宁斯却一度颗粒无收。正是罗斯用神勇的表现，率领球员身高和天赋都不占优的西米恩高中，击败了全美排名第一的橡树山高中，罗斯富有传奇色彩的高中生涯也由此翻开崭新的一页。"

坊间流传一则趣事，称史密斯教练对爱徒赞不绝口，但也认为罗斯似乎无私过头了，为此，史密斯教练定下一条特殊的规矩：若罗斯某场比赛出手少于10次，全队都要受罚，要在训练中绕场跑圈。此规矩一出，不想挨罚的队友们纷纷在比赛中计算罗斯的出手次数，若未到10次，他们甚至会冲着罗斯大喊："快投啊，不够10次呢！"

如一列火车，罗斯的篮球生涯轰隆隆向前开动，下一站将是孟菲斯大学。

高中时期的罗斯在对阵橡树山高中的比赛中运球突破。

第四节 遗憾丢冠

罗斯和**孟菲斯大学**有一段命中注定的缘分,尽管二者的缘分并未持续太长时间。

名师出高徒

时任孟菲斯大学男篮主教练的是NCAA(全国大学体育协会)名帅约翰·卡利帕里,他是观看了罗斯在AAU的一场比赛后向其伸出橄榄枝的。但像

罗斯与时任孟菲斯大学男篮主教练约翰·卡利帕里。

大学时期罗斯在训练中与队友道格拉斯·罗伯茨对位。

罗斯这样的高中才俊，又怎会没有其他追求者？印第安纳大学和伊利诺伊大学也都对他发动了猛烈攻势，前者甚至搬出了罗斯在AAU联赛的好友兼队友埃里克·戈登。

早年间，罗斯曾和戈登相约在同一所大学效力，但少不更事时的约定岂能抵得过世事的变迁？后来，戈登选择了印第安纳大学，罗斯则走了另一条路。据悉，罗斯之所以选择孟菲斯大学，是看中该校总能将本校学生送入NBA，同时也是受到了NBA名宿罗德·斯特里克兰的点拨。如今，斯特里克兰更多以"欧文教父"的身份被人铭记。

孟菲斯大学欢天喜地地将罗斯迎进门，再为他搭配两位高年级生乔伊·多西和道格拉斯·罗伯茨，球队在季初便演绎了何为"行家一出手，便知有没"。2007—2008赛季前26场比赛，孟菲斯大学队保持全胜，25年来首次成为全美第一，直到2008年2月以62∶66不敌田纳西大学队，才结束了这段疯狂的旅程。

最终，孟菲斯大学队以常规赛33胜1负、夺得C-USA赛区冠军的傲人表现，跻身2008年NCAA锦标赛，成为南区一号种子。罗斯场均得到14.9分4.7次助攻4.5个篮板，他的荣誉簿上也记下了以下内容：入选全美最佳阵容三阵，进入鲍勃·库西奖和约翰·伍登奖候选名单。

完胜奥古斯丁

从高中开始，罗斯就是攻守一体的球员，他如同磁石一般，引得各路好手纷纷想和他搭档。进入孟菲斯大学，在卡利帕里教练的调教下，罗斯既是球队领袖和"进攻发动机"，同时也是外线"防守大闸"，而他在防守上的能力也博得了越来越多人的赞赏。

很快，罗斯就在八强赛中好好"秀"了一把防守。该赛季，德克萨斯大学队是夺冠热门，该队的领军者正是凯文·杜兰特的昔日队友D.J.奥古斯丁。

罗斯 NCAA 数据

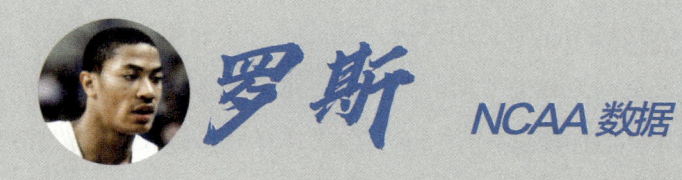

球队	赛季
孟菲斯大学	2007—2008

出场	40
首发	39
场均时间	29.2
投篮命中率	47.7%
场均命中	5.2
场均出手	10.9
三分命中率	33.7%
场均三分命中	0.9
场均三分出手	2.6
罚球命中率	71.2%
场均罚球命中	3.7
场均罚球出手	5.1
场均篮板	4.5
场均前场篮板	1.4
场均后场篮板	3.1
场均助攻	4.7
场均抢断	1.2
场均盖帽	0.4
场均失误	2.7
场均犯规	1.7
场均得分	14.9

结果，这场明星后卫的对决，竟成了一年前罗斯和詹宁斯之战的翻版。面对比自己更高更壮的罗斯，奥古斯丁完全暴露了"阿喀琉斯之踵"，全场尽管得到16分，但18投仅4中，仅助攻3次却有4次失误，罗斯则不费吹灰之力地拿下21分9次助攻。下半场长达15分30秒的时间内，在罗斯的防守下，奥古斯丁只有可怜的2分入账，无奈地看着对手一骑绝尘。

赛后，谈到罗斯的表现，奥古斯丁连说了三遍"掌控"："他掌控了篮球，他掌控了比赛，他掌控了他的球队。"USA TODAY在谈到奥古斯丁时也用了三个"没有"："他没有进攻，没有防守，没有任何办法。"

罗斯与奥古斯丁在 NBA 比赛中对位。

遗憾说再见

随后，罗斯又取得25分9个篮板，率队以85:67大胜UCLA（加利福尼亚大学洛杉矶分校）队，挺进NCAA决赛。UCLA队名帅本·霍兰德盛赞罗斯："说实话，德里克真让我想起了杰森·基德。他有基德一样的身体，能压制对手。他还有着基德式的防守，同时他的投篮还更出色。"

可惜的是，尽管罗斯在决赛中17投7中，得到17分6个篮板7次助攻，但他错失关键罚球，导致球队被堪萨斯大学队拖入加时赛，最终以68:75告负，而这仅是孟菲斯大学队在该赛季输掉的第2场比赛，单赛季38胜则刷新了NCAA纪录。

同年，罗斯宣布参加2008年NBA选秀。虽然相处时间短暂，但卡利帕里教练谈到爱徒，仍会动情地表示："在你的生涯中，总有一些球员会让你安静地坐下来，无话可说，德里克就在重复做着这样的事。若你问他到底是怎么做到的，我只会回答你'坐下来看球吧，别废话。'"

NCAA决赛输给堪萨斯大学队，伤心的罗斯难掩失落。

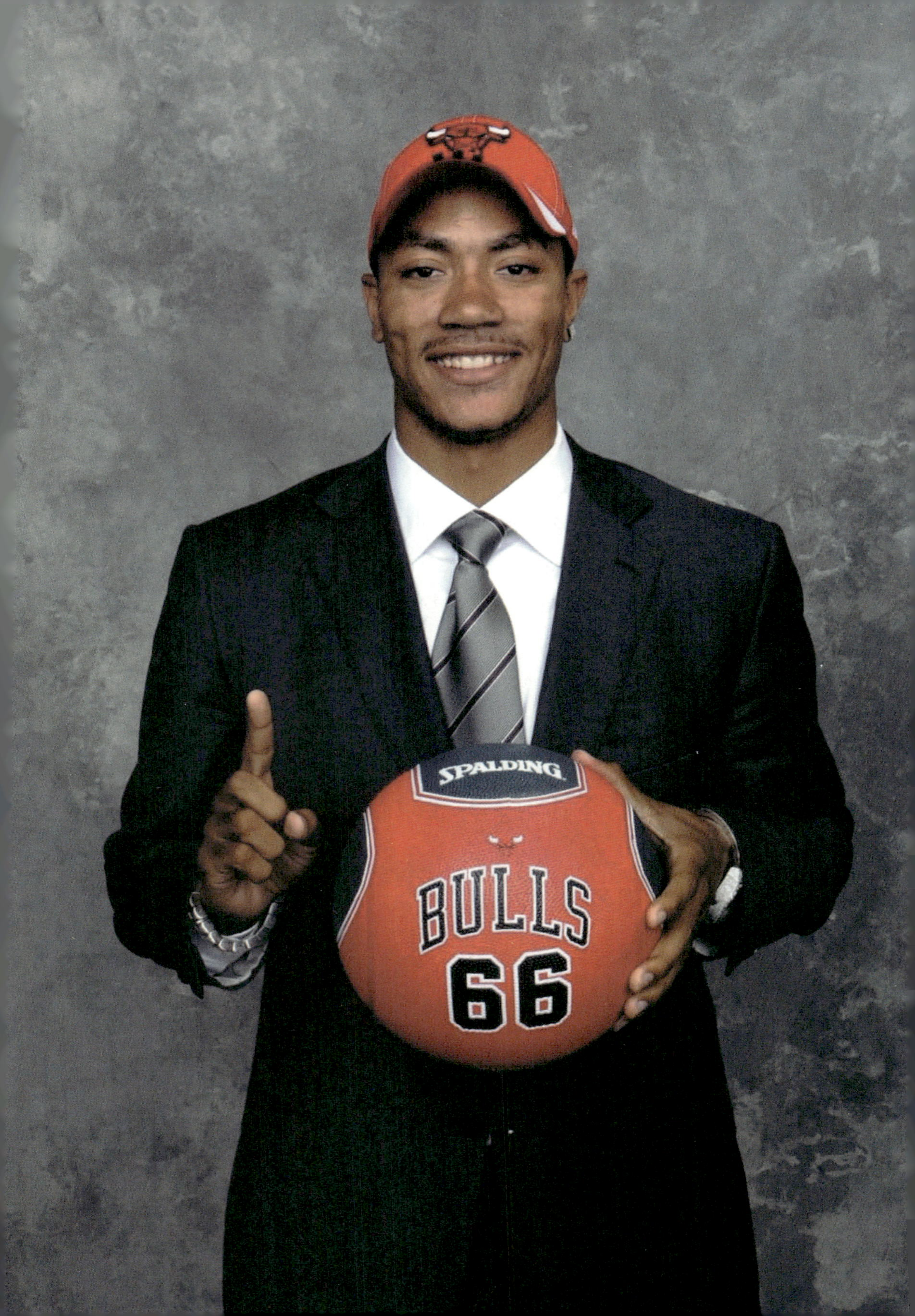
SPALDING
BULLS
66

第二章·
积蓄力量
ROSE

第一节
玫瑰如愿入风城

作为土生土长的芝加哥人,罗斯是不习惯离开"风之城"的。儿时对于红色公牛队的热爱,早已让为家乡球队打球的愿望化为清风,潜入了他无数个难以入眠的夜晚。而2008年选秀,他充分诠释了**"梦想还是要有的,万一实现了呢"**。

家乡球队的召唤

在宣布参选时,罗斯说:"我在NCAA唯一的目标就是帮孟菲斯大学拿到冠军,如今对于能有机会进入NBA打球,我也很兴奋。我会努力成为最好的球员和最出色的人。"

罗斯不是2008年选秀大会唯一的状元秀热门,迈克尔·比斯利也来势汹汹。身为大一新生的比斯利场均拿下26.2分12.4个篮板,这两项数据在NCAA历史上的大一新生中分别高居第三和第二,同时他也夺得该赛季NCAA篮板王。此外,他还当选Big12赛区最佳球员,入选该赛区最佳阵容一阵和全美最佳阵容一阵,并进入奈·史密斯奖和约翰·伍登奖的候选名单。

但经过一番考虑后,公牛队还是对罗斯发出了召唤:"回家吧。"罗斯借此成为继勒布朗·詹姆斯后,又一位被家乡球队选中的状元秀。此外,他是公牛队历史上第二位状元秀,上一位是1999年的埃尔顿·布兰德。

2008年选秀大会开始前，罗斯接受媒体采访。

据悉，相比于比斯利的得分和篮板能力，公牛队更看重罗斯的组织能力。时任公牛队总经理约翰·帕克森透露："我们的确就此讨论过很多。当我们做出决定时，是全体人员，包括球探、教练和我达成了一致的。这和比斯利的天赋无关，我们只是觉得这是适合我们的发展方向。"

比斯利和梅奥分别在第二和第三顺位，被热火队和森林狼队选中（梅奥随即被换到灰熊队），前三顺位中选的都是大一新生，这在NBA选秀历史上也是头一次。

芝加哥奇缘

从在英格伍德街区降生，到进入西米恩高中，罗斯始终没有离开过芝加哥，这里的一花一草一木早已融入他的血脉，对家乡的眷恋也在他体内随着心

约翰·帕克森（中）。

脏一起跳动。仅在孟菲斯大学待了一年就迫不及待回归，谁又能说这不是命运的安排、家乡的呼唤呢？

听到时任NBA总裁大卫·斯特恩喊出自己的名字，罗斯站起身来，接过了公牛队球帽戴上，在相继和孟菲斯大学恩师卡利帕里，以及身旁的比斯利握手致意后，自信地走上主席台。罗斯后来承认："我当时有些紧张，但我一直有坚定的信念，认为我就该是状元秀。当听到我的名字第一个被喊出时，那感觉很棒。"

公牛队和罗斯结缘实属不易。尽管前一个赛季仅取得33胜49负，但位列东区倒数第五、联盟倒数第九的公牛队，抽中状元签的概率其实只有1.7%。

难怪公牛队商务运行部门副总裁史蒂夫·施沃德在亲临乐透抽签现场时曾发牢骚说："我知道会得到一顿丰盛的晚餐，但来这里就是在浪费时间。"但发现公牛队幸运抽中状元签，可以选择罗斯时，他立刻改口："我好似身处世界之巅，感觉超棒，这是我一生中最快乐的一天。"

2008年NBA选秀大会，公牛队用状元签选中罗斯。

第二节 新秀赛季追乔丹

对于所有在芝加哥成长起来的孩子而言，**乔丹**是芝加哥篮球的精神图腾，令他们高山仰止，他们也都以自己的篮球生涯能和乔丹产生哪怕一丁点儿联系而感到荣幸万分。可对于刚在公牛队迎来新秀赛季的罗斯而言，这样的机会说来就来。

乔丹纪录

从生涯首秀拿到11分率队战胜雄鹿队开始，到2008年11月18日在负于湖人队的比赛中得到25分为止，罗斯连续11场比赛得分上双，由此成为继1984—1985赛季的乔丹后，又一位在生涯前11场比赛中皆得分上双的公牛队新秀。

当然，乔丹当年将这一纪录延长到令后人无法企及的高度。新秀赛季乔丹82场全勤，且全部得分上双。事实上，乔丹直到1986年3月22日对阵骑士队13中4仅得8分，才生涯首次得分未达两位数，而这已是该赛季乔丹出战的第8场比赛（1985—1986赛季初乔丹遭遇重伤，休战到第二年3月才复出）。换句话说，生涯前89场比赛，乔丹竟不知道单场得分未上双是何等滋味。罗斯未能打破这一纪录，但新秀赛季他出战81场，单场低于10分的也只有10场。

其实，对乔丹的感情距崇拜还有些距离，或许是罗斯和其他芝加哥篮球少年最大的不同。罗斯曾称，他自认和乔丹身高有差距，因此球风也并无太多

2008年11月18日，罗斯在对阵湖人队的比赛中得到25分。

相似之处。此外，在芝加哥长大的过程中，他也并没有在观看乔丹的比赛上花费太多精力，毕竟那时他都是在赛场上挥洒汗水。

而且，受限于英格伍德街区糟糕的治安情况，年幼的罗斯在太阳落山后会被禁足，他甚至从未参加过当年公牛队引得芝加哥万人空巷的夺冠游行。当时，在哥哥们相约出门欢庆的时候，罗斯只能躲在自家窗户后，瞪着好奇的眼睛，看着街上攒动的人群。

拜访"篮球之神"

不过，得益于和乔丹儿子杰弗里、马库斯的交情，罗斯曾得到一个令其他芝加哥篮球少年都羡慕到发狂的机会：受邀去乔丹家拜访。尽管自称对乔丹"没那么崇拜"，但能有机会登门拜访一位NBA超级巨星，罗斯仍激动到辗转反侧、彻夜难眠。第二天来到"篮球之神"的居所，罗斯的眼前宛如打开了一个新世界，一切都令他感到新鲜，包括门口的23号标志、车道上的限速牌，还有那6辆排列得整整齐齐的宾利汽车。

更令他大开眼界的，自然是"篮球之神"竟也过着"凡人"的生活。他既看到在室内球场练球的乔丹，也看到在孩子面前化身慈父，甚至会亲自去倒垃圾的乔丹。"我从未想过他还会做这种事，"罗斯称，**"我非常荣幸地看到了乔丹的另一面。"**

在乔丹奋斗过的球队，以和乔丹如出一辙的方式，去迎接芝加哥球迷当年也曾送给菜鸟乔丹的欢呼和掌声。对于这一切，罗斯已准备好了。

迈克尔·乔丹是所有芝加哥球迷的英雄!

第三节 斩获最佳新秀

身为2008—2009赛季**备受关注的新秀**,生涯前11场得分上双比肩乔丹,只是罗斯的一次热身。接下来,罗斯不仅大步狂奔,率领公牛队向着重返季后赛的目标前进,还在全明星的秀场上大显身手。事实证明,在衡量球星号召力的舞台上,罗斯也是一把好手。

技巧赛封王

新秀赛季,罗斯就获得了2009年全明星周末的邀约,只是此番并非以全明星正赛球员的身份。他先是在新秀挑战赛中亮相,出任"一年级队"的首发后卫。全场状态不佳的他出战20分34秒,5投1中,罚球2中2,仅得4分7次助攻了事。当年新秀赛的MVP,由率领"二年级队"以122∶116获胜,并拿下46分7个篮板4次助攻的杜兰特获得。

如果说新秀赛上的罗斯令人看得意犹未尽的话,那么第二天的技巧挑战赛,罗斯就向世人宣告,一位技术全面的明星后卫自此诞生。通过初赛,罗斯和当时效力篮网的德文·哈里斯携手进入决赛。哈里斯首先出场,起初顺风顺水,却在击地传球点浪费了两次机会。随后,篮筐貌似也对哈里斯加了盖子,他连试4次才终于命中三分。最终,哈里斯的成绩定格在39.7秒。

随后罗斯面无表情地出场。在前两个传球点,他送出的传球都如精确制

罗斯参加 2009 年全明星赛新秀挑战赛。

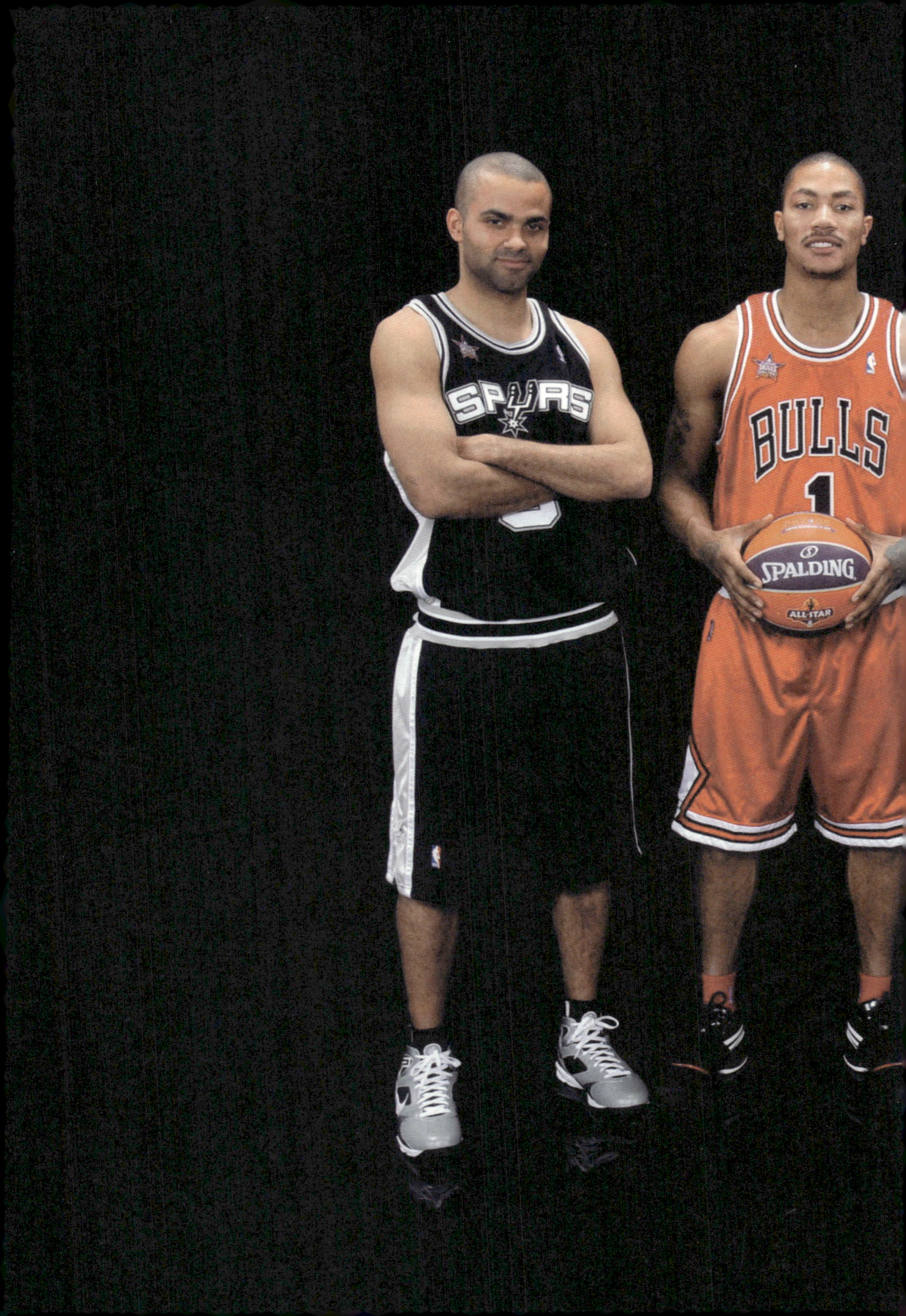
SPURS
BULLS
1
SPALDING
ALL-STAR

罗斯在 2009 年全明星赛技巧挑战赛上笑到了最后。

导的炮弹一般正中目标。在令哈里斯折戟的三分投射点，罗斯仅用了两次机会，就让球乖乖钻进篮筐。最后，在全场欢呼声中，罗斯秀出一记双手拉杆背扣，为自己的表演画上句号。他以35.3秒夺得当年的技巧赛冠军，且成为首位在技巧赛折桂的新秀。镜头扫到场边的詹姆斯和克里斯·保罗，二人也为此激动不已。

初试啼声

罗斯在新秀赛季一开始便锋芒毕露。

乘着生涯前11场比肩乔丹的东风，罗斯在新年到来前出战32场，场均得到17.4分3.7个篮板6.1次助攻，命中率达到47.4%，斩获了新赛季前两个月的东区月最佳新秀。在2009年初两个月状态略有下滑后，罗斯在3月重新开足马力，单月出战15场，场均得到16.9分5.1个篮板5.9次助攻，命中率46.9%，率公牛队取得8胜7负，在3月东区月最佳新秀的评选中独占鳌头。

最终，凭借收官阶段12胜4负的战绩，公牛队单赛季取得41胜41负，时隔一年再次闯入季后赛，比前一个赛季多胜了8场。赛季末论功行赏，罗斯也毫无悬念地斩获最佳新秀。在当年的最佳新秀评选中，罗斯获得了总计120张第一选票中的111张，总得分达到574分，遥遥领先排名第二的梅奥（5张第一选票，总得分246分），并入选最佳新秀阵容一阵。

自此，罗斯追赶上了1985年的乔丹和2000年的布兰德，成为第三位斩获最佳新秀的公牛队球员。同时，他也是2003—2004赛季的詹姆斯之后，首位当选最佳新秀的状元秀。在该赛季的公牛队中，罗斯场均出场时间（37分钟）、得分（16.8分）和助攻（6.3次）分别位居全队第二、第三和第一。而在该赛季新秀得分榜上，罗斯只位居梅奥之后，高居第二。

罗斯当选 2008—2009 赛季最佳新秀。

2008—2009 赛季热门新秀球员场均数据对比

	德里克·罗斯	O.J.梅奥	迈克尔·比斯利	拉塞尔·威斯布鲁克	埃里克·戈登	凯文·乐福	布鲁克·洛佩斯	D.J.奥古斯丁	马里奥·钱莫斯
出场	81	82	81	82	78	81	82	72	82
首发	80	82	19	65	65	37	75	12	82
场均时间	37.0	38.0	24.8	32.5	34.3	25.3	30.5	26.5	32.0
投篮命中率	47.5%	43.8%	47.2%	39.8%	45.6%	45.9%	53.1%	43.0%	42.0%
场均命中	7.1	6.9	5.6	5.3	5.3	3.9	5.5	3.7	3.4
场均出手	14.9	15.6	11.8	13.4	11.6	8.5	10.3	8.6	8.1
三分命中率	22.2%	38.4%	40.7%	27.1%	38.9%	10.5%	0.0%	43.9%	36.7%
罚球命中率	78.8%	87.9%	77.2%	81.5%	85.4%	78.9%	79.3%	89.3%	76.7%
场均篮板	3.9	3.8	5.4	4.9	2.6	9.1	8.1	1.8	2.8
场均前场篮板	1.2	0.7	1.4	2.2	0.6	3.4	2.7	0.2	0.5
场均助攻	6.3	3.2	1.0	5.3	2.8	1.0	1.0	3.5	4.9
场均抢断	0.8	1.1	0.5	1.3	1.0	0.4	0.5	0.6	2.0
场均盖帽	0.2	0.2	0.5	0.2	0.4	0.6	1.8	0.0	0.1
场均失误	2.5	2.8	1.5	3.3	2.1	1.5	1.8	1.7	2.0
场均犯规	1.5	2.5	2.3	2.3	2.2	2.5	3.1	1.9	2.9
场均得分	16.8	18.5	13.9	15.3	16.1	11.1	13.0	11.8	10.0

回归季后赛

在已经有些淡漠的记忆中搜寻，菜鸟罗斯的一幕幕精彩瞬间在我们的脑海中逐渐清晰起来。

生涯第3战，罗斯就迎来了和2008年探花秀梅奥的首次对决，结果罗斯证明了自己并非浪得虚名。全场，罗斯出战37分钟，20投11中，罚球4中4，得到26分6个篮板3次助攻，力压梅奥的16分4个篮板（出战43分钟，15投7中），公牛队也以96：86凯旋。这是罗斯生涯首次单场得分20+。

2008年11月11日，公牛队不敌老鹰队，罗斯却在该场比赛17投9中，拿下生涯首个两双（26分10个篮板）。生涯前11场连续得分上双的纪录终结后，罗斯再次连续打出了11场得分上双的比赛，其间有4场得分20+。2008年底，罗斯貌似陷入怪圈，他19投12中拿下赛季最高的27分，公牛队却仍拿老鹰队没辙。篮网队在两天后成为罗斯的发泄对象，该场比赛罗斯15中9拿下21分之余，还送出创赛季纪录的13次助攻，率队以100：87攻陷新泽西。

雄鹿队是罗斯新秀赛季最喜欢的对手之一。4次交手，罗斯率队3胜1负。2009年3月6日的这次交锋，罗斯出战41分钟，18投10中，罚球7中7，拿下平赛季纪录的27分，还送出6次助攻，率队以117：102再次击败雄鹿队。

常规赛收官阶段，罗斯更是让人们领略到一位高效得分手的风采，同时也将领袖的担当体现得淋漓尽致，即便此时的他仍是一名菜鸟。最后13场比赛，罗斯有10场命中率超过五成。2009年3月18日客战拥有"初版三少"（杜兰特、威斯布鲁克和杰夫·格林）的雷霆队，篮筐在罗斯的眼中宛若大海，他出战41分25秒，出手14次命中12球，85.7%的命中率刷新个人赛季纪录。

最后3场比赛，公牛队火力全开向着50%胜率和季后赛挺进，罗斯也子弹上膛，连续3场比赛以不低于50%的命中率打出得分20+的表现，最终将球队带回季后赛。

新秀赛季的罗斯在比赛中完成突破上篮。

沉默的领袖

对罗斯这样的"宝贝",公牛队高层自然是"含在嘴里怕化了,捧在手里怕摔了"。从选中他的第一天起,公牛队高层就时刻提醒自己,不要让罗斯背负太高的期待。他们深知,在场上五个位置中,控卫成才最不易,相较于比斯利这样擅长得分的前锋,罗斯这样的控卫往往需要更长时间,才能摸索出在NBA赛场的生存之道来。

但罗斯却谢绝了公牛队的这番好意。赛季头一个月,公牛队主教练维尼·德尔·尼格罗就将进攻的主导权交到罗斯手中,罗斯在队内的地位逐步上升,也博得了各界的好评。尼格罗教练就曾这样形容罗斯:"他举止得体,这展现了他的品性,他吸收新知识也相当快。"

乔丹的恩师、公牛队前主帅道格·柯林斯称,罗斯的成熟给他留下了深刻印象。"令我印象深刻的还有公牛队对罗斯的信任——'把球给你,去率领你的球队前进吧!'"柯林斯说。公牛队老将林赛·亨特也给予罗斯很高的评价:"他有着和勒布朗相似的气质,这让他生来就是领袖,随着所参加比赛水平的提升,他的领导天赋也得到越来越多的展现。"当时效力老鹰队的老将、后卫迈克·毕比也说:"公牛队就是将球队交到德里克手中,让他带着全队前行。"

但罗斯和外界的追捧之间,好似总是隔着一堵厚厚的墙。大多数情况下,罗斯都会躲起来回看自己的比赛录像,为了不受干扰,他还将录像调成静音,并且不再收看ESPN的集锦节目。对此,罗斯解释说,早在2008年2月孟菲斯大学队以62∶66不敌田纳西大学队,遭遇该赛季常规赛唯一败仗后,他就开始这么做,他不希望自己因外界的吹捧而变得飘飘然。

曾在2008—2009赛季和罗斯短暂合作过的德鲁·古登,也认为罗斯是一位信奉"行动胜于言语"原则的领袖。"德里克一直都是一位沉默的领袖,"古登说,"我曾看过他多场高中比赛,他几乎一句话都不说,只是以身作则,而他的表现也无须太多言语。但如果球队需要他站出来说话,他也会义不容辞。"

常规赛好似拉锯战,罗斯挺过去了;全明星赛宛如表演赛,罗斯赢得满堂彩;而在堪称生死战的季后赛,罗斯又会怎样呢?

第四节 酣战绿军造神迹

若将罗斯的新秀赛季比作一出戏，那么常规赛是铺垫，全明星赛是气氛渲染，季后赛则是高潮。在常规赛中，罗斯收获了赛季最佳新秀，3次斩获东区月最佳新秀，还将全明星赛技巧挑战赛冠军奖杯捧回家，但这一切在他当年的季后赛经历面前却都相形见绌了。因为，就在当年首轮，罗斯亲身经历了"历史上最伟大的系列赛"。

熟悉的敌人

在2009年之前，季后赛遭遇凯尔特人队，对公牛队来说就意味着失利。双方3次相遇，公牛队3次被横扫出局。当然，"红绿大战"不乏经典片段。就在罗斯率公牛队再次勇敢地向凯尔特人队发起挑战的23年前，1986年，乔丹正是在对阵凯尔特人队的首轮第2场比赛中拿下63分，令拉里·伯德在赛后说出那句名言："今晚，上帝披上了23号球衣。"

身为公牛队球员，要想扬名立万，就要在季后赛首轮和凯尔特人队掰手腕。乔丹做过的，罗斯准备再来一遍。

当然，2008—2009赛季这轮系列赛能成为经典，和凯文·加内特的伤病有着密不可分的关系。2007年休赛期，加内特紧随雷·阿伦的脚步加盟凯尔特人队，二者携手保罗·皮尔斯，组成了闻名遐迩的"三巨头"。三位对总冠军极度渴望的老将一路过关斩将，终于在总决赛4∶2战胜宿敌湖人队，为凯尔特人队捧回了阔别22年的总冠军。加内特也当选最佳防守球员，填补了凯尔特人队浩瀚队史的一项空白。

但2009年3月底，加内特扭伤右膝，赛季报销，波士顿球迷无不倒吸一口凉气，凯尔特人队卫冕的希望瞬间化为乌有。"三巨头"缺失关键一环，等于提前宣告2009年争冠军团中会缺少"绿衫军"的身影。尽管该赛季凯尔特人队仍以62胜20负夺得东区第二，仅次于66胜16负的骑士队，但这样一支残阵的凯尔特人队，在年轻的公牛队面前不再高高在上，而这也为2009年首轮的7场鏖战埋下了伏笔。

惊艳首秀

G1（G为英文Game的缩写，G1指第1场比赛，G2指第2场比赛，以此类推）两队就陷入苦战。第四节还剩9秒时，罗斯造成拉简·隆多犯规，一年前曾在NCAA决赛第四节最后时刻错失关键罚球，致使孟菲斯大学队在加时赛功败垂成

2009年NBA季后赛首轮G1，罗斯面对凯尔特人队拿下36分。

的罗斯，此番没有再手软，稳稳地两罚得手，率公牛队以97：96领先。

但凯尔特人队并不打算让比赛就此画上句号。随后，皮尔斯造成乔金·诺阿犯规，"绿衫军"竟有了靠罚球反败为胜的机会。然而，第一次罚球命中的皮尔斯，在第二次罚球时却鬼使神差地投丢了。随着布拉德·米勒三分球弹筐而出，双方被拖入加时赛。在加时赛中，罗斯没有得分进账，却两次送出关键助攻。终场前10秒，罗斯6次犯规离场，但在阿伦罕见失手后，公牛队以105：103惊险获胜。

和23年前的乔丹如出一辙，拼到弹尽粮绝的罗斯凭此一战让生涯得以升华。全场，罗斯出战49分33秒，19投12中，12罚无一失手，拿下36分4个篮板11次助攻，追平了由"天勾"卡里姆·阿布杜尔-贾巴尔保持的NBA球员季后赛首秀得分纪录。

1970年，在对阵76人队的系列赛首战中，即将迎来23岁生日的贾巴尔（当时名叫刘易斯·阿辛多尔）出战39分钟，25投13中，罚球13中10，拿下36分20个篮板4次助攻，率雄鹿队以125：118力克对手，为最终以4：1淘汰76人队开了个好头。

当然，仅此一项纪录不足以全面凸显该场罗斯的神勇。他还成为2008年的保罗之后首位在生涯季后赛首秀中得到至少35分，同时送出至少10次助攻的球员。此外，罗斯的36分也是自1998年乔丹退役后，公牛队球员在单场季后赛创下的最高得分纪录。最关键的是，2009年首轮G1的胜利，也是公牛队历史上对凯尔特人队所取得的首场季后赛胜利。

平分秋色

经过首战的渲染，2009年首轮公牛队对阵凯尔特人队的系列赛，逐步向着"历史上最伟大的系列赛"迈进。G2继续在波士顿进行，该场罗斯表现有所回落，出战34分25秒，11投5中，仅得10分6个篮板7次助攻2次盖帽。本·戈登挑起了公牛队的进攻重担，全场24投14中，拿下42分。

本场第四节还剩4分18秒结束时，罗斯奋力完成二次进攻，但这也是他本场比赛最后一次得分。随后戈登开始表演，他包揽了公牛队最后12分，连续5次出手且弹无虚发，但凯尔特人队"多点开花"，"大宝贝"格伦·戴维斯、隆多和阿伦对戈登形成包围之势。在阿伦连续2记三分气贯长虹后，凯尔特人队以118∶115捍卫主场。

回到"风之城"，公牛队却未能借主场之利再下一城，以86∶107大败。是役，罗斯状态仍不见起色，出战32分39秒，14投4中，罚球3中1，仅得9分3个篮板2次助攻，却出现7次失误，正负值更是糟糕的-32。戈登该场13中5，仅得15分，公牛队全队命中率竟跌至37.5%。

但一切才刚刚开始。G4，背水一战的公牛队触底反弹。第四节还剩52秒结束时，罗斯两罚全中，率队以93∶91领先，但阿伦的三分将比赛拖入加时赛。第一个加时赛还剩4.5秒结束时，戈登命中三分，隆多绝杀失手，第二个加时赛到来。最终，凭借约翰·萨尔蒙斯连续4罚不落空，还送给皮尔斯一记"大帽"，公牛队以121∶118获胜，将总比分扳成2∶2平。

尽管在两个加时赛中颗粒无收，但罗斯全场出战48分44秒，17投10中，罚球4中3，拿下"准三双"（23分11个篮板9次助攻），前两场的阴霾就此一扫而空。

愤怒的公牛队

系列赛进行至此，若哪场不战至加时赛，貌似都对不起观众。"天王山之战"移师波士顿，罗斯出场45分14秒，16投7中，全能身手再现（14分8个篮板6次助攻3次抢断），然而第四节一度领先达两位数的公牛队却暴露出年轻球队的通病，被老练的凯尔特人队迎头赶上。双方再度进入加时赛，在米勒错失2记关键罚球后，凯尔特人队以106∶104拿下赛点。

退无可退，公牛队终于猛醒。G6成为该轮系列赛的缩影，也是其中最令人难忘的一场。双方足足鏖战3个加时赛，令球迷的情绪达到顶峰。全场罗斯出战59分26秒，25投12中，罚球6中4，得到28分8个篮板7次助攻。公牛队三人得分20+，让阿伦的51分之夜遗憾收场。

该场罗斯还玩儿了把心跳。第三个加时赛中，罗斯先是跳投打开局面，又在科克·辛里奇投篮未果后拼下进攻篮板，完成二次进攻，公牛队自此没再落后过。但终场前3秒，罗斯又在罚球线上迷失，两罚皆失，险成罪人。但他立刻将功赎罪，没有被隆多"假突真投"的把戏骗过，而是劈头盖脸一记"大帽"，扇飞隆多的绝命三分，率队悬崖勒马。

最伟大系列赛

然而，前6场的精彩纷呈却未换来一个酣畅淋漓的结尾。凯尔特人队凭借第二节净胜18分，有惊无险地以109∶99拿下"抢七战"，晋级次轮。该场罗斯出战43分26秒，18投9中，得到18分4个篮板3次助攻，终究还是差了一口气。

双方鏖战7场，4场通过加时赛分胜负，5场分差在3分以内，正如球迷所打趣的："只能有一个胜者，是对这样一轮系列赛的亵渎。"

在2009年首轮，罗斯场均出战44.7分钟，得到19.7分6.3个篮板6.4次助攻，命中率达到49.2%，还缔造了季后赛首秀36分追平前辈的神迹，这样的成绩对一名菜鸟而言可谓无憾了。

罗斯 2008—2009 赛季季后赛首轮详细数据

场次	1	2	3	4	5	6	7
比分	公牛队 105：103 凯尔特人队	公牛队 115：118 凯尔特人队	凯尔特人队 107：86 公牛队	凯尔特人队 118：121 公牛队	公牛队 104：106 凯尔特人队	凯尔特人队 127：128 公牛队	公牛队 99：109 凯尔特人队
时间	49分33秒	34分25秒	32分39秒	48分44秒	45分14秒	59分26秒	43分26秒
投篮命中率	63.2%	45.5%	28.6%	58.8%	43.8%	48.0%	50.0%
命中	12	5	4	10	7	12	9
出手	19	11	14	17	16	25	18
三分命中率	0.0%	0.0%	0.0%	0.0%	0.0%	0.0%	0.0%
三分命中	0	0	0	0	0	0	0
三分出手	1	0	1	0	1	0	1
罚球命中率	100.0%	0.0%	33.3%	75.0%	0.0%	66.7%	0.0%
罚球命中	12	0	1	3	0	4	0
罚球出手	12	0	3	4	0	6	0
篮板	4	6	3	11	8	8	4
前场篮板	1	2	2	1	4	1	1
助攻	11	7	2	9	6	7	3
抢断	1	0	0	0	3	0	0
盖帽	0	2	0	0	1	1	1
失误	5	2	7	7	6	5	3
犯规	6	2	1	4	5	3	4
得分	36	10	9	23	14	28	18

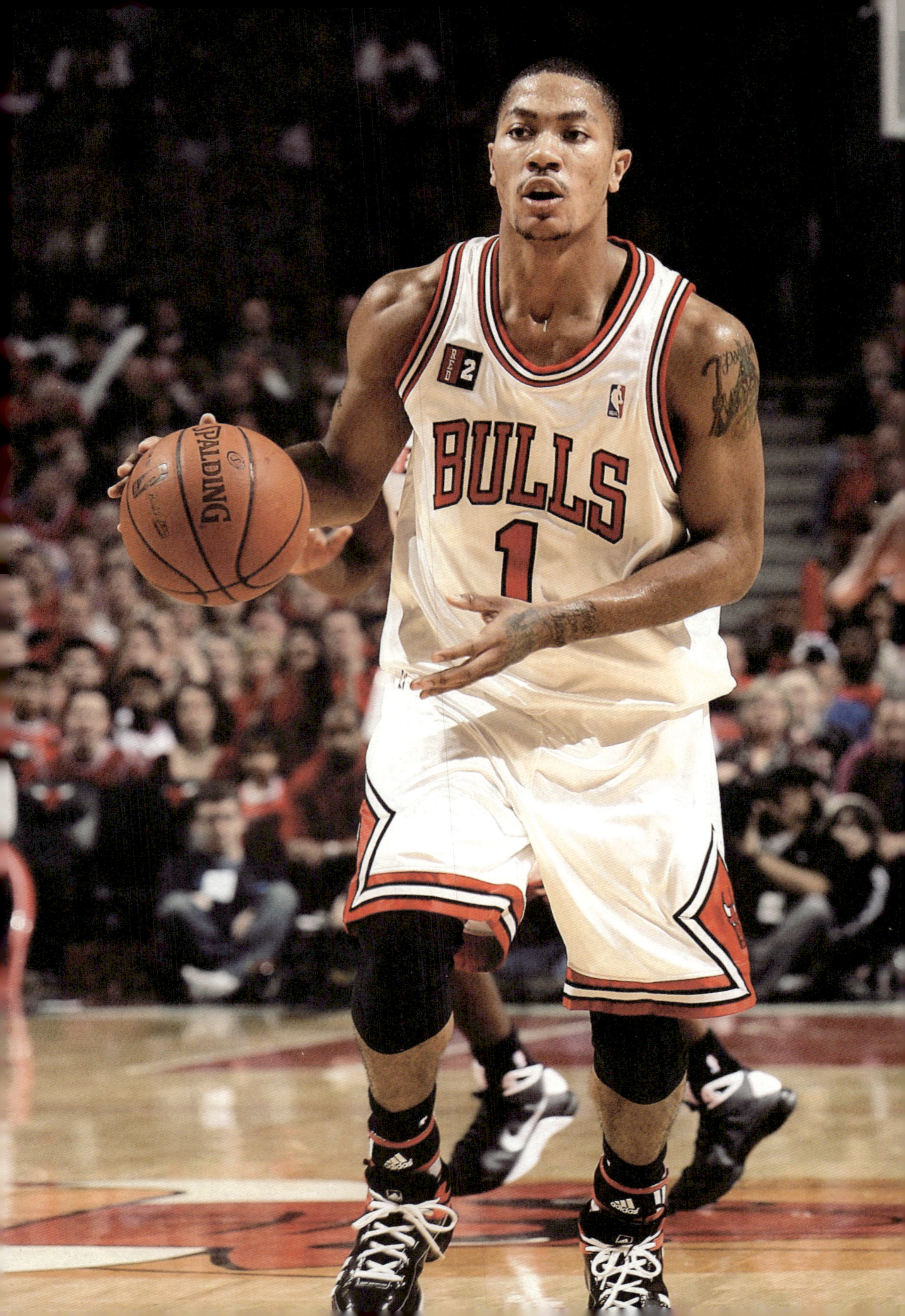
SPALDING
BULLS
1

第三章·
蓄势待发
ROSE

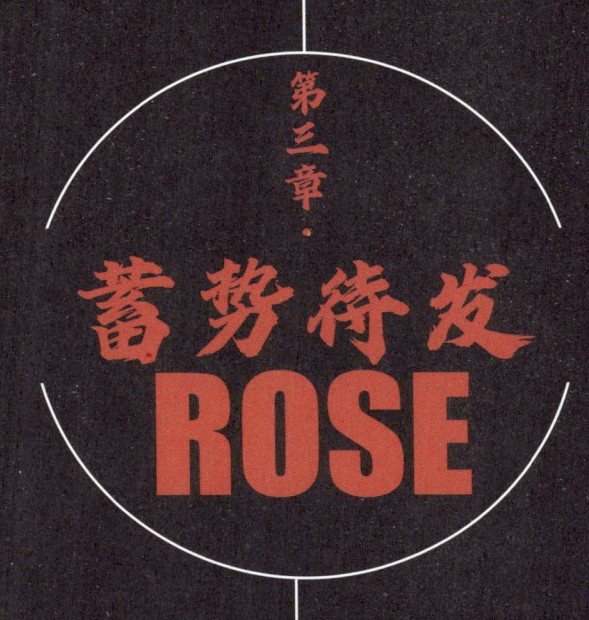

第一节
拒绝新秀墙

在NBA素来有一种说法，即生涯第二个赛季才是新秀的"试炼场"，多数新秀会在此时撞上**"新秀墙"**。因此，当罗斯打出精彩的新秀赛季后，不少人内心深处泛起了同样的怀疑。但话还没说出口，看到罗斯在生涯第二个赛季的表现，**他们把话生生咽了回去。**

击碎"新秀墙"

不过，在2009—2010赛季初期，人们的担心不无道理。正所谓"英雄只怕病来磨"，罗斯在首场季前赛就脚踝受伤。公牛队不敢怠慢，对罗斯亮起了红灯，他也缺席了接下来的季前赛。常规赛揭幕战打响，罗斯生龙活虎地出现在赛场上，球迷们悬着的心终于放下了。但公牛队出于谨慎，仍限制了他的出场时间，忽隐忽现的脚踝伤也拖慢了罗斯在2009—2010赛季初的脚步。

从揭幕战到11月末，和伤病不懈地做着斗争的罗斯出战15场，场均得到15.6分3.0个篮板5.2次助攻，命中率46.3%，比起新秀赛季有所滑落。但时间是最好的良药，就当大家以为罗斯也将撞上"新秀墙"之际，他却逐渐走出伤病的阴霾，拿出了久违的精彩表现。

到了12月，罗斯出战15场，场均已可得到20.4分3.8个篮板6.1次助攻，命中率45%。到了第二年1月，罗斯再上一层楼，单月出战15场，他场均拿下

2009—2010 赛季刚刚开始，罗斯就受到了脚踝伤势的影响。

23.1分4.4个篮板6.4次助攻，命中率高达50.5%，并率公牛队取得10胜5负。

2009年12月19日战胜老鹰队，成为罗斯本赛季值得铭记的一场比赛。该场他出战42分44秒，24投14中，罚球6中4，得到创生涯新高的32分，这也是他生涯首次单场得分跨过30分门槛。本场双方战至加时赛，罗斯独得公牛队加时赛9分中的6分，最终率队击败对手。

从2010年1月15日战胜奇才队，到27日战胜雷霆队，短短13天之内，罗斯7场比赛有6场得分20+，包括连续5场得分20+，还有两场得分上30。对阵奇才队的比赛，双方鏖战"双加时"，罗斯出场50分15秒，33投16中拿下37分，再次刷新生涯单场得分纪录，最终率队以121∶119取胜。

首入全明星

如此表现，让NBA各界无法再视而不见。2010年1月28日，罗斯被选入当年东区全明星替补阵容，由此成为1998年的乔丹之后，首位入选全明星的公牛队球员。在当年的全明星投票中，罗斯获得571,911张选票，位列东区后卫第五，仅次于德怀恩·韦德、阿伦·艾弗森、文斯·卡特和雷·阿伦。而罗斯的生涯轨迹也像极了科比·布莱恩特，二者都是在生涯第二个赛季首次入选全明星。

2010年2月14日情人节当天，罗斯和篮球的"爱情"也结出了丰硕的果实。在当天进行的全明星正赛中，罗斯出战15分25秒，8投4中，得到8分4次助攻3次抢断。当年的全明星赛MVP则归属率东区明星队以141∶139获胜，并拿下28分11次助攻5次抢断的韦德。

不过，当年踏上全明星赛场，罗斯也拥有属于自己的荣耀。当天，21岁133天的他，刷新了乔丹在1985年缔造的纪录（21岁359天），成为公牛队历史上最年轻的全明星球员。

2010年1月15日，罗斯在公牛队对阵奇才队的比赛中拿下 **37分**，刷新生涯单场得分纪录。

"第一次得到全明星的征召，着实令我震惊，"罗斯说，"今天一早开始我就不断听到相关消息，大家纷纷打电话给我。但直到最终确认这一消息，我仍觉得难以置信。我从未这么震惊过。我还要感谢将我选入全明星的东区球队主教练们，能代表我的家乡球队参加全明星赛，这是一种荣耀。篮球是一项团队运动，若无队友的支持，我是绝对不可能做到的。"

兴奋的罗斯好似一名考试拿了满分的小学生，第一时间将这一好消息告诉了母亲布伦达。而更令他兴奋的还在后头，在接受ESPN记者梅丽莎·伊萨克森采访时，乔丹也对公牛队后辈给予好评："德里克是一名非常特殊的球员，是代表芝加哥的合适人选，我要向他和公牛队表达我的祝贺。"

或许，生涯第二个赛季的"新秀墙"并非不存在，但真正的球星总能伸伸腿跨过去。伟大如乔丹也是在生涯第二个赛季遭遇重伤，但凤凰涅槃后，他也正是在这一个赛季"封神"，缔造了季后赛单场63分的神迹。无独有偶，罗斯也在生涯第二个赛季克服赛季初的伤病，交出场均20.8分3.8个篮板6.0次助攻的成绩单，还首次入选全明星替补阵容。正如那句流传颇广的话所说："那些无法击败我的，终将使我更强大。"

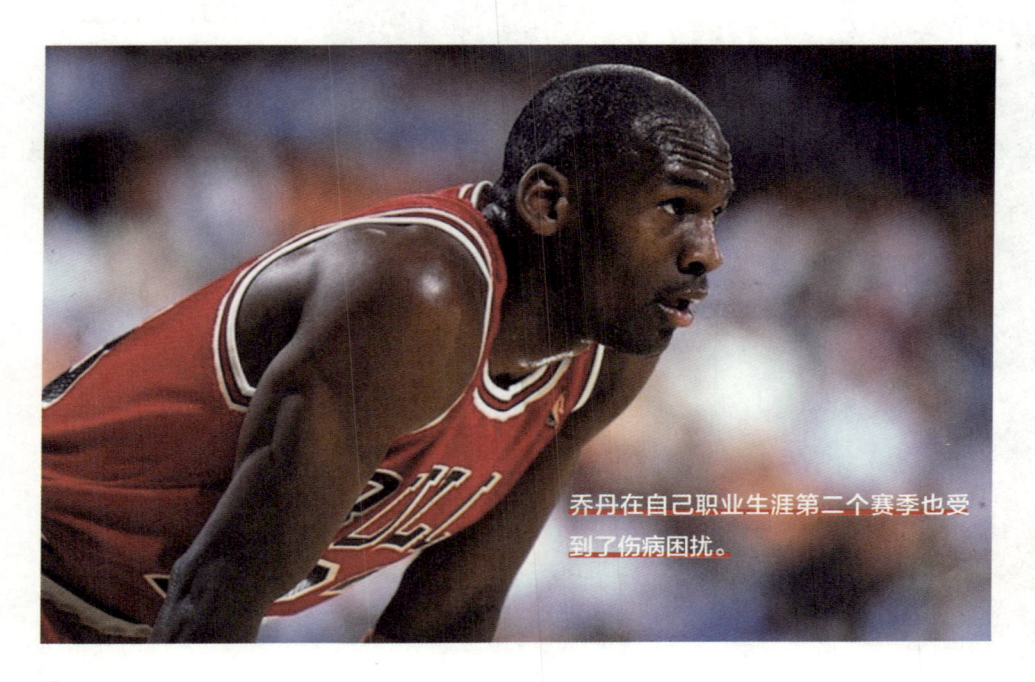

乔丹在自己职业生涯第二个赛季也受到了伤病困扰。

罗斯超越乔丹,成为公牛队历史上最年轻的全明星球员。

第二节
酣战詹姆斯

2009—2010赛季首次入选全明星，对罗斯而言是一种激励。全明星周末后，罗斯开足马力，再次刷新生涯单场得分纪录，并**再次将公牛队带入季后赛**。但在首轮，面对当年的手下败将骑士队，公牛队却停下了前进的脚步。詹姆斯也成为罗斯生涯早期不得不面对的劲敌。

踏平"三巨头"

2010年全明星周末后，罗斯重装上路，多了份自信和从容。但在2月底到3月中旬，本该是春意盎然之时，一次"倒春寒"却突袭了芝加哥。埋头向季后赛狂奔的公牛队遭遇了10连败，罗斯也不幸受伤，连续缺席了4场比赛。

但和赛季初一样，伤病打不垮罗斯。3月20日，罗斯复出，全勤参加了常规赛最后14场，场均出战40.2分钟，得到22.6分4.4个篮板7.3次助攻，命中率高达50.6%，最后5场更是场场得分20+，率公牛队再次取得41胜41负，以东部第八名挺进季后赛。

这期间，最令公牛队上下振奋的一场比赛，莫过于倒数第二场对阵凯尔特人队。

当天，凯尔特人队来到"风之城"，罗斯的思绪必定会飞回一年前，飞向那

罗斯在比赛中突破活塞队斯塔基的防守。

2010年季后赛首轮，公牛队和骑士队相遇，罗斯迎来了和詹姆斯的第一次交锋。

史诗般的7场鏖战。他不会忘记，后来人们总拿加内特来说事，坚称若非加内特因伤停赛，公牛队绝无可能将系列赛拖入"抢七"。如今，加内特伤愈复出，并随队来到"风之城"，罗斯要证明的就是，即便"三巨头"齐整，公牛队仍可战而胜之。

对待非常的对手需要非常的表现。全场罗斯出战45分35秒，22投15中，罚球10中9，拿下39分5个篮板7次助攻3次盖帽，率队以101∶93力克对手，也让合力拿下67分的"三巨头"无功而返。

决胜第四节，罗斯6中6独得17分，还送出3次助攻，助队友得到7分，共参与了公牛队末节34分中的24分。全场39分也刷新了罗斯在3个月前刚刚缔造的生涯单场得分纪录。

"玫瑰"遇"皇帝"

击败了"三巨头"齐整的凯尔特人队，罗斯和公牛队在2010年首轮的对手如约而至。相比于2009年的凯尔特人队，此番对手更加来势汹汹，那就是由两届常规赛MVP詹姆斯领军的骑士队。

在这一年之前，詹姆斯和罗斯这两位状元秀，就像两条平行线，又好似身处不同的宇宙，在各自设定好的轨道上前行，并无交集。一位是冉冉升起的新星，一位是渴望登上最高领奖台的东部新霸主，2010年首轮就这样擂响了战鼓。

毋庸讳言，相比于波澜壮阔的2009年首轮，罗斯的2010年首轮之旅则是水波不兴。系列赛一开始，骑士队便获得两场大胜，合计赢了23分。公牛队在G3悬崖勒马后，却又在G4再遭大败。最终5场下来，有3场分差达两位数。

系列赛首战，罗斯就感受到迷茫。他出战43分17秒，28中13，得到28分7个篮板10次助攻，甚至略胜拿下24分6个篮板5次助攻4次盖帽的詹姆斯。然而，骑士队首节就开足马力，此后也没再给公牛队机会，一场大胜（96：83）就此落幕。

G2中罗斯更切实感受到了差距。手感下滑的他24投10中，得到23分8次助攻，詹姆斯却23中16，拿下40分8个篮板8次助攻，以一己之力让该场3人得分20+的公牛队被迫接受一场102：112的败仗。

正所谓"沧海横流，方显英雄本色"。系列赛移师芝加哥后的首战，罗斯出战42分19秒，26投13中，拿下31分7次助攻，携手科克·辛里奇（27分5个篮板5次助攻）和洛尔·邓（20分），以超高效率（三人合计命中率高达57.4%）让詹姆斯的39分10个篮板8次助攻3次盖帽打了水漂，率队以108：106险胜，避免陷入0：3落后的绝境。

该场前三节公牛队都领先，末节开打后不久还一度将分差拉大到13分，但骑士队的反击自此开始。在詹姆斯的带动下，骑士队瞬间将分差缩小。终场前7分钟，场上形势更是白热化。

罗斯责无旁贷，他接管了公牛队的进攻，连续5次跳投命中4球，稳住了军心。终场前10秒，罗斯造成莫·威廉姆斯犯规，命中了金子般宝贵的一记罚球。随着安东尼·帕克的三分弹筐而出，公牛队逃出生天。末节罗斯独得11分。

英雄的对话

G4中罗斯的表现按说也不赖，他20投9中，得到21分5次助攻，却不料詹姆斯再次"天神附体"，全场仅出战36分24秒，就17投11中（三分球9中6），

骑士队在詹姆斯的带领下淘汰公牛队，打破了尴尬的历史纪录。

拿下37分12个篮板11次助攻的三双。前三节战罢，骑士队已领先23分，季后赛罕见地迎来长达12分钟的垃圾时间。

由此，当系列赛重回克利夫兰时，罗斯和公牛队的抵抗也多了些悲壮的意味。出战43分33秒，27投12中，得到31分6次助攻，是罗斯留给2010年季后赛的最后片段。终场前1分49秒，罗斯连续4罚全中，将分差追到1分，为公牛队保留了最后的希望。但暂停过后,终场前1分03秒,罗斯却投丢了本赛季最重要的一球。

本场詹姆斯轻松拿下"准三双"(19分10个篮板9次助攻),并在最后时刻4罚3中,亲手送公牛队再一次首轮出局。

这也是骑士队历史上首次在季后赛淘汰公牛队。本轮之前,两队从1988年到1994年5次相遇于季后赛,骑士队皆败,其中4次和乔丹有关,骑士队也成为受乔丹"荼毒"最深的球队之一。如今形势逆转,只因23号球员换下了公牛队球衣,披上了骑士队战袍。

但经此一战,詹姆斯对罗斯赞不绝口。2020年6月,美国媒体Hoop Central晒出韦德在2016年的一段采访,大家才了解到,2010年休赛期,詹姆斯离开骑士队时曾想过携手韦德,将天赋带到芝加哥,但并未如愿。曾有人责怪罗斯对招募詹姆斯不上心,但韦德道出了实情,原来是他担心自己、詹姆斯和罗斯3人打法冲突。

真正的欣赏留存于詹姆斯和罗斯的心间。多年后,在回忆和詹姆斯的交手时,罗斯打趣称:"就像是普通船员对抗《星球大战》中的绝地武士。"在被问到处于巅峰的罗斯有多强时,詹姆斯也曾回答说:"光是健康的德里克就已经非常恐怖了!"

罗斯 2009—2010 赛季季后赛首轮详细数据

场次	1	2	3	4	5
比分	公牛队 83:96 骑士队	公牛队 102:112 骑士队	骑士队 106:108 公牛队	骑士队 121:98 公牛队	公牛队 94:96 骑士队
时间	43分17秒	42分53秒	42分19秒	40分25秒	43分33秒
投篮命中率	46.4%	41.7%	50.0%	45.0%	44.4%
命中	13	10	13	9	12
出手	28	24	26	20	27
三分命中率	0.0%	0.0%	50.0%	0.0%	50.0%
三分命中	0	0	1	0	1
三分出手	2	0	2	0	2
罚球命中率	100.0%	75.0%	66.7%	75.0%	100.0%
罚球命中	2	3	4	3	6
罚球出手	2	4	6	4	6
篮板	7	2	2	3	3
前场篮板	1	0	0	1	2
助攻	10	8	7	5	6
抢断	1	2	0	0	1
盖帽	0	0	0	0	0
失误	7	1	0	3	2
犯规	3	3	1	1	0
得分	28	23	31	21	31

第三节
疯狂的玫瑰（上）

生涯前两个赛季罗斯的成长有目共睹，美中不足的是连续两年止步季后赛首轮。但这一切貌似都是在为罗斯**生涯巅峰赛季**做铺垫。在生涯第三个赛季一步跨入联盟一线巨星行列，并和前辈们比肩，罗斯的成长速度之快令人咋舌。多年后回忆，2010—2011赛季罗斯在通往MVP的道路上，始终与奇迹相伴。

锡伯杜上任

对于连续两年止步首轮，公牛队高层的解读是主帅尼格罗已到瓶颈期，为此他们决定换帅。尼格罗教练下课，汤姆·锡伯杜教练在"风之城"走马上任。正所谓"金风玉露一相逢，便胜却人间无数"。罗斯正是在锡伯杜的调教下迎来生涯巅峰，锡伯杜也将罗斯视为心腹爱将。虽然二人未能书写又一段名师出高徒的经典传奇，但仅着眼于2010—2011赛季的话，锡伯杜对罗斯和公牛队的改造都是卓有成效的。

罗斯在比赛中隔扣戈兰·德拉季奇,生涯前两个赛季,他的进步有目共睹。

锡伯杜的上任和布泽尔的加盟提升了公牛队的实力。

在锡伯杜上任之前，公牛队尽管拥有罗斯，却是一支攻守不平衡的球队：防守尚可，进攻疲软。在2009—2010赛季联盟30队进攻效率榜中，公牛队仅排第27位。

为了弥补内线火力空缺，公牛队在2010年7月8日完成了一笔先签后换的交易，从爵士队换来卡洛斯·布泽尔，并和他签下了一份为期五年、总金额在7500万到8000万美元之间的合同。布泽尔的到来效果立竿见影，他在2010—2011赛季场均可得17.5分9.6个篮板，命中率51%，得分和篮板皆位居队内第二。

职业生涯第三个赛季,罗斯的三分球能力进步显著。

罗斯的进化

尽管拥有了布泽尔,但锡伯杜深知,解开公牛队进攻难题的钥匙仍掌握在罗斯手中,只有充分释放罗斯的天赋,才能挖掘出公牛队全部的进攻潜能。为此,锡伯杜在进攻端给予了罗斯更多的戏份。

在场均出场时间变动不大的情况下,罗斯的出手增多了,最为显著的便是三分球。生涯前两个赛季对三分态度冷淡的罗斯,本赛季却将三分纳入"武器库",场均出手增加了4次,且命中率也达到了33.2%。由此换来的则是该赛季罗斯场均得分跃升至25分,比前一个赛季多了4.2分,刷新生涯纪录。此外,本赛季罗斯的使用率、进攻效率和效率值也同时创下生涯新高。

双管齐下,公牛队进攻效率得到显著提升,每百回合可得108.3分,位居联盟第11位,比前一个赛季多了4.8分,排名则蹿升了16位。同时,调教防守也是锡伯杜的看家本领。在他的悉心指导下，公牛队该赛季场均仅失91.3分，联盟第二少，每百回合失分则为联盟最少（100.3分），比前一个赛季足足少了5分。

防守第一，进攻逼近前十，还有一位上升势头不可遏制，又添置了"新武器"、获得了更多"开火权"的一线巨星，公牛队终于迎来1998年乔丹退役后最强的一个赛季。罗斯也开始了收割荣誉和纪录的历程。

首月的爆发

罗斯的生涯巅峰赛季，从赛季第一个月便显露端倪。从揭幕战到11月底，罗斯出战14场，场均可得26.6分4.6个篮板8.2次助攻，命中率46.8%，率公牛队获得9胜5负。这期间，罗斯有6场比赛得分30+，10月30日对阵活塞队拿下平生涯纪录的39分是其代表作。

在俄克拉荷马城输掉揭幕战后，回到主场的公牛队力求首胜。本场比赛，活塞队先拔头筹，上半场结束竟领先19分。但下半场风云突变，尤其是末节，公牛队仅让活塞队得到可怜的9分，单节净胜25分，以101：91逆转获胜。

全场罗斯出战38分钟，27投13中，其中三分球7中3，罚球13中10，拿下39分6个篮板7次助攻。上半场罗斯得到17分，第三节他一分钟没歇，9中5拿下14分。末节他投篮手感衰减，却赚得8次罚球，竟和活塞队全队持平。

罗斯在对阵活塞队的比赛中得到 39 分。

远投能力的提升让罗斯的突破更具威胁。

11月底，罗斯曾连续3场得分30+，这是他生涯首次取得如此成绩。11月24日苦战"双加时"拿下太阳队，罗斯出战50分19秒，33中14，拿下35分12个篮板7次助攻，也堪称其本赛季代表作。

12月的风暴

稍做调整后，罗斯踏上了新的旅程。从12月8日到26日的19天内，罗斯出战10场比赛，有8场得分20+，场均得到23.1分5.6个篮板8.8次助攻，场均出手4.6次三分，命中率达到惊人的41.3%，一个十八般武艺样样精通的罗斯出现在各路强敌面前。

这期间最值得铭记的一场比赛，无疑是12月10日主场对阵湖人队。当天，"紫金军团"上门踢馆，罗斯和科比展开对决。最终，罗斯25投12中，其中三分球5中3，罚球4中2，得到29分5个篮板9次助攻；科比则手感不佳，尽管也拿下23分5个篮板7次助攻，命中率却跌破40%，三分球更是4投只有1中。公牛队在首节落后10分的情况下，以88：84反败为胜。

本场比赛的意义在于，这是罗斯生涯首次战胜科比。同时，公牛队上一次取得对湖人队的胜利，还要追溯到4年前的2006年12月19日。

第四节
疯狂的玫瑰（下）

连续10场20+

磨合到位的公牛队在新年到来之际爆发出令各路强敌胆寒的能量，罗斯也开足马力狂奔。从2011年1月14日到2月2日，罗斯连续10场得分20+，刷新生涯纪录，并率公牛队取得9胜1负。

这期间最令人难忘的，则是1月17日客战灰熊队的比赛。该场罗斯出战接近40分钟，尽管20投7中显示他的手感并没有那么火热，他却收获了生涯首个三双（22分10个篮板12次助攻）。公牛队从开场便占据主动，上半场领先达11分，不费吹灰之力从孟菲斯凯旋。

当年，罗斯身为孟菲斯大学的明星，曾率队挺进NCAA决赛，这里的大街小巷仍传唱着他的传奇。多年后，罗斯重回故地，又拿下生涯首个三双，真可谓"缘，妙不可言"。

在这段狂奔临近尾声时，罗斯又收到了一个好消息，他被选为2011年全明星首发球员，这在其生涯中也是首次，他在联盟的地位和人气由此可见一斑。在当年的全明星票选中，罗斯获得1,914,996张选票，位列东区后卫第二，仅次于韦德（2,048,175张选票），在联盟也高居第五位。

2月20日，罗斯首次以首发球员身份踏上洛杉矶全明星正赛的赛场，全场他出战接近30分钟，13投5中，得到11分3个篮板5次助攻。西区明星队以148∶143获胜，东道主科比凭借37分14个篮板的表现荣膺MVP。

2011年全明星赛东部全明星队合影留念。

罗斯在2011年全明星赛上突破上篮。

两攀高峰

就在2011年全明星周末之前,罗斯再次迎来生涯里程碑,以至于有人打趣称,如果全明星投票晚一点截止,罗斯成为票选第一的后卫也并非天方夜谭。

2月17日,公牛队主场迎来劲敌,即由"GDP组合"(马努·吉诺比利、蒂姆·邓肯、托尼·帕克)领衔的马刺队。该赛季西区竞争异常惨烈,而马刺队仍是西区不可忽视的一股力量。在本场比赛前,马刺队已经取得46胜9负,因此本场比赛也堪称东西区的一场巅峰对决。

如此重要的比赛,罗斯怎能缺席?全场,罗斯如神兵天降,出战38分30秒,28投18中,罚球6中6,拿下42分5个篮板8次助攻,再次刷新生涯单场得分纪录。上半场，罗斯手感就出奇地好，12中8拿下21分。第三节稍做休整，罗斯在末节再度爆发，单节7中6拿下13分，率队击败西部强敌。

3月18日，公牛队开拔到印第安纳州，罗斯在对阵步行者队的比赛中再次拿下42分，公牛队却遗憾地以108：115落败。该场比赛，罗斯27投11中，手感平平，还6次犯规离场，却获得创赛季纪录的21次罚球。步行者队"先发五虎"罚球数合计，也仅比罗斯多5球。

季末狂奔

两攀高峰却看到不一样的风景，这并不会让罗斯气馁，毕竟公牛队战绩正处于飞速上扬的态势中。从2月9日开始到赛季末，公牛队再也没有遭遇过连败，连胜则接踵而至。32场比赛，公牛队取得28胜，就此以62胜20负力压马刺队（61胜21负），夺取常规赛联盟头名。而公牛队上一次单赛季超过60胜，正是乔丹上演"最后一舞"的1997—1998赛季。此外，这也是公牛队历史上第六个胜场数超过60的赛季。

从3月下旬到赛季末，罗斯场均拿下27.2分3.3个篮板7.8次助攻，总命中率49.3%，三分场均出手5.1次、36.1%的命中率也颇为可观。连续12场比赛，罗斯有10场得分20+（其中6场得分30+），并率公牛队以赛季最长的9连胜，为2010—2011赛季画上了完美的句号。

这期间不得不提的，是3月26日客战雄鹿队的比赛。在密尔沃基，罗斯出战40分钟，17投9中，罚球12中12，拿下30分17次助攻，刷新生涯单场助攻纪录。

赛季盘点，罗斯出战81场，共拿下2026分623次助攻，由此成为1972—1973赛季以来，第三位单赛季拿下至少2000分还送出至少600次助攻的球员，此前两人分别是乔丹和詹姆斯。

罗斯面对步行者队福斯特的防守突破上篮。

"愤怒的公牛队"暂时止步，而被他整赛季表现深深折服的业内人士和球迷突然意识到，这样的罗斯终于可以梦想些什么了。

罗斯和公牛队

眼看罗斯和公牛队的结合即将收获丰硕的果实，谁又能想到当年双方险些擦肩而过？

后来罗斯曾在关于自己的一部纪录片中透露，其实当年选秀时，公牛队对他并非信任有加，主要原因还是对罗斯的成长环境有所顾虑，尤其是他曾锒铛入狱的哥哥们。罗斯的三哥阿兰也曾坦言："因为我曾经犯下的过错，德里克险些和状元秀擦肩而过。"

这对于从小被哥哥们灌输了对家乡球队热切的爱，一心将为家乡球队效力视为人生至高目标的罗斯而言，不啻晴天霹雳。多少次，罗斯在深夜里忍受内心的煎熬时，都会一遍遍地发问："到底是我参加选秀，还是我的哥哥们参加选秀？"最后他坚定地回复公牛队说："若你们无法接受我的哥哥，那就不要选我！"

"我无法决定自己的出生，但我可以决定自己的人生。" 正如10年前的阿伦·艾弗森用战神般的表演征服费城球迷那样，罗斯也即将用生涯最完美的一个赛季，拨动"风之城"球迷的心弦，让他们为当年后怕，为现在狂喜，庆幸没有为英雄关上那扇沉重的大门。如今，公牛队从高层到球迷，只想走过来拍拍罗斯的肩，由衷地说一句："有你，真好！"

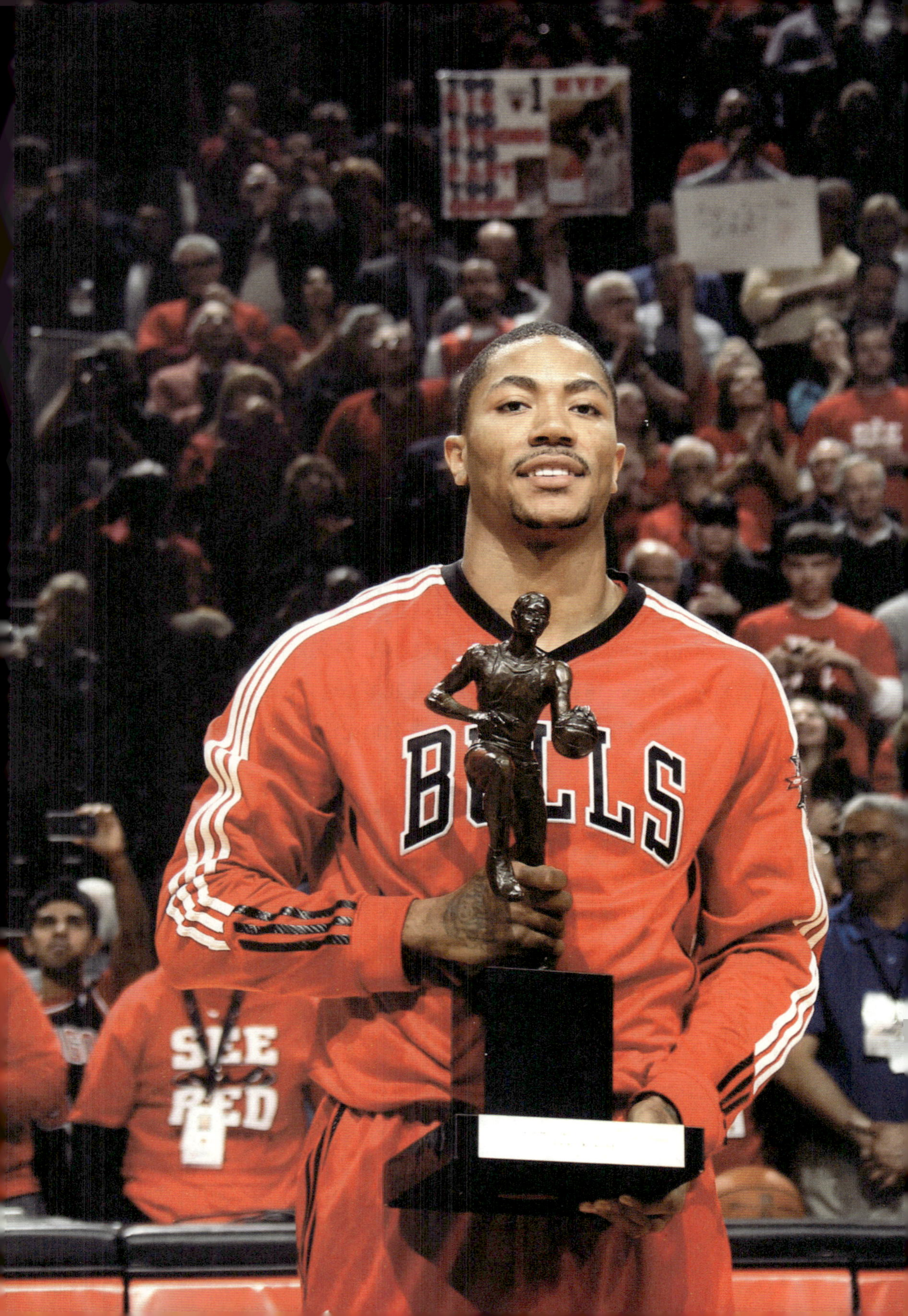
SEE
RED

第四章·
完美绽放
ROSE

第一节 凤城MVP

2010—2011赛季，新任主教练锡伯杜出手不凡，改造了罗斯和公牛队，率队取得联盟头名，也取得了乔丹时代之后首个60胜赛季，罗斯则交出场均25.0分4.1个篮板7.7次助攻、总命中率44.5%、三分命中率33.2%的亮眼成绩单。

纪录收割机

从纪录的角度回看2010—2011赛季常规赛，罗斯的表现着实惊人：

1. 他是NBA历史上第7位单赛季场均能得到至少25.0分4.0个篮板7.5次助攻的球员，此前6人分别是奥斯卡·罗伯特森、杰里·韦斯特、伯德、乔丹、韦德和詹姆斯。

2. 整个赛季，罗斯单场贡献得分（包括他自己的得分和助攻队友所得的分）占该场公牛队总得分至少一半的比赛达到26场，领跑全联盟。

3. 整个赛季，罗斯打出23次两双，得分30+的比赛达到23场，而在生涯前两个赛季，他得分30+的比赛合计才8场，且全部出现在生涯第二个赛季。

4. 他也成为2010—2011赛季联盟仅有的一位场均得分（第7位）和助攻（第10位）都名列前10的球员。而此前单赛季有过如此表现的公牛队球员，也只有1988—1989赛季的乔丹。该赛季，乔丹场均得到32.5分，位列联盟首位，8次助攻则排名第10位。

罗斯在比赛中推进进攻，2010—2011赛季常规赛他带领公牛队拿下62胜。

5. 整个赛季，罗斯共得到2026分623次助攻330个篮板，由此成为NBA历史上第5位单赛季得到至少2000分600次助攻300个篮板的球员，此前4人分别是罗伯特森、约翰·哈弗利切克、乔丹和詹姆斯。

球队战绩和个人表现双赢，如此罗斯自然具备了斩获个人最高荣誉的机会。年龄和资历一度被视为唯一阻碍，但貌似是由于对詹姆斯蝉联常规赛MVP的审美疲劳，或者是詹姆斯在2010年的"决定一"让他人设崩塌且他较长时间内未能挽回声誉，罗斯成为评委们的宠儿。从事后来看，若无罗斯，詹姆斯可能会达成史无前例的MVP"五连庄"。

高票当选

2011年5月3日，罗斯的声望达到顶点，NBA官方宣布授予他该赛季的常规赛MVP，13年后，MVP重归芝加哥。同时，罗斯还入选了2010—2011赛季的最佳阵容一阵，和杜兰特、詹姆斯、科比等人并肩而立，这在他的生涯中也是头一遭。

该赛季的MVP票选几乎呈一边倒的态势，罗斯获得了113张第一顺位选票，总得分高达1182分，将排名第二的德怀特·霍华德（3张第一顺位选票，总得分643分）远远地甩在身后。詹姆斯排名第三，他获得了4张第一顺位选票，总得分为522分。

芝加哥沸腾了。罗斯和乔丹并列，成为历史上仅有的两位荣获常规赛MVP的公牛队球员。此外，他也以22岁零6个月的年纪，成为NBA历史上最年轻的常规赛MVP，打破了此前由NBA名宿韦斯·昂塞尔德保持的历史纪录。1968—1969赛季，昂塞尔德在新秀赛季当选常规赛MVP，当时的他年仅23岁零2个月。

此外，罗斯也成为史蒂夫·纳什（2005、2006年蝉联MVP）之后，首位获得常规赛MVP的控卫。同时，他也是NBA历史上第5位当选常规赛MVP的控卫，前

2011年5月3日,
罗斯领取常规赛 MVP 奖杯。

2010—2011赛季常规赛MVP评选投票详情

姓名	球队	第一选择票	第二选择票	第三选择票	第四选择票	第五选择票
德里克·罗斯	芝加哥公牛队	113	6	2	0	0
德怀特·霍华德	奥兰多魔术队	3	57	31	16	11
勒布朗·詹姆斯	迈阿密热火队	4	26	39	31	12
科比·布莱恩特	洛杉矶湖人队	1	18	32	40	12
凯文·杜兰特	俄克拉荷马城雷霆队	0	6	10	20	38
德克·诺维茨基	达拉斯独行侠队	0	5	3	11	30
德怀恩·韦德	迈阿密热火队	0	1	1	2	6
马努·吉诺比利	圣安东尼奥马刺队	0	2	0	0	6
阿马雷·斯塔德迈尔	纽约尼克斯队	0	0	1	0	4
布雷克·格里芬	洛杉矶快船队	0	0	1	0	0
拉简·隆多	波士顿凯尔特人队	0	0	1	0	0
托尼·帕克	圣安东尼奥马刺队	0	0	0	1	0
克里斯·保罗	新奥尔良黄蜂队	0	0	0	0	2

总分	首选率	得票率
1182	93.39%	37.57%
643	2.48%	20.44%
522	3.31%	16.59%
428	0.83%	13.60%
190	0.00%	6.04%
113	0.00%	3.59%
24	0.00%	0.76%
20	0.00%	0.64%
9	0.00%	0.29%
5	0.00%	0.16%
5	0.00%	0.16%
3	0.00%	0.10%
2	0.00%	0.06%

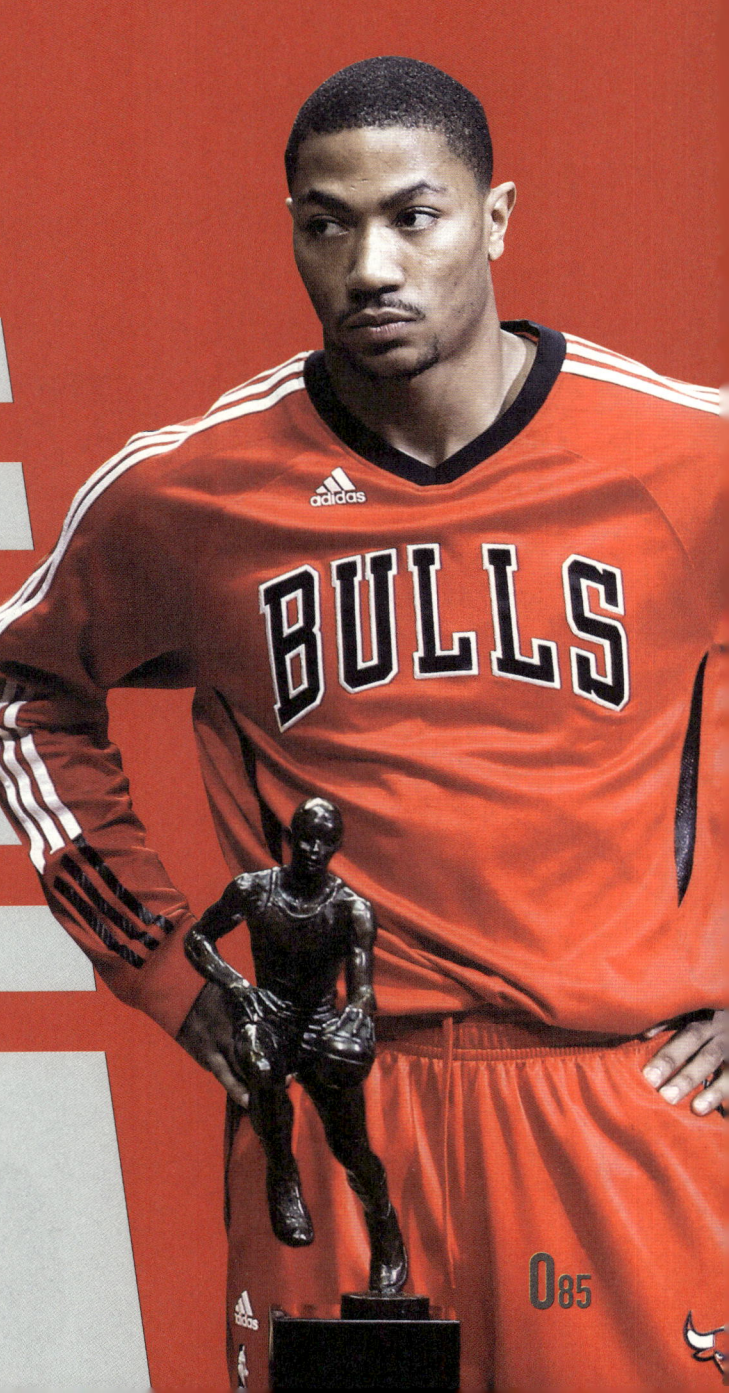

4人除纳什外，还有鲍勃·库西（1957年）、"大O"罗伯特森（1964年）和"魔术师"约翰逊（1987、1989、1990年）。

值得一提的是，阿伦·艾弗森在初入联盟时定位为控卫，但在斩获常规赛MVP的2000—2001赛季，他已被改造成得分后卫，该赛季他有60%的时间出任二号位。

于无声处听惊雷

不得不说，罗斯在2010—2011赛季的进步幅度是惊人的，毕竟在2009—2010赛季常规赛MVP的票选中，罗斯是没有获得过一张选票的。由此，罗斯也成为2004—2005赛季的纳什之后，首位前一个赛季没得到一张常规赛MVP选票，却在第二个赛季将常规赛MVP奖杯捧回家的球员。翻开2003—2004赛季常规赛MVP票选名单，的确难觅纳什的踪影。

从这个角度来看，罗斯的获奖也就和当时纳什的获奖一样，有了一丝"于无声处听惊雷"的意味。当年，没人能猜到纳什回归太阳队这笔看似普普通通的交易，却掀起了滔天巨浪，不仅改变了联盟的格局，而且深刻影响了日后联盟的发展；罗斯也是一样，2010—2011赛季仅是他NBA生涯的第三个赛季，没人想过如此年轻、资历如此浅的罗斯，竟也能登堂入室，将众多资历更深的巨星拉下马。

因此，称罗斯在这一个赛季彻底爆发，迎来人生巅峰，也并不为过。

完美偶像

　　球迷们总是在寻觅着最完美的偶像，为此不断提出各种苛刻的条件。曾经，在1998年总决赛G6完成抢断后制胜一投的乔丹，最为接近球迷心中那位完美偶像。但乔丹后来在奇才队复出，延续了球迷的追星梦，却也打碎了完美偶像的形象，以至于如今仍有球迷在设想："如果乔丹的职业生涯永远定格在1998年总决赛G6那一投，该有多完美？"

　　和乔丹有诸多相似之处的罗斯，也曾在一定程度上满足了芝加哥球迷对完美偶像的憧憬。他是土生土长的芝加哥人，生于斯，长于斯，和这里的每一寸土地都血脉相连。后来，他在"风之城"读完了高中，仅在田纳西州读了一年大学，就迫不及待地回归故里，成为家乡球队的一员，并将自己的巅峰岁月留在了这里。

　　一座常规赛MVP奖杯，是罗斯对家乡最好的回馈，也包含着他走过的路——在英格伍德的懵懂岁月，在西米恩高中的肆意青春，在孟菲斯大学的无畏征途，以及在红色公牛队的荣耀历程。年轻没有失败，不怕回首，也不惧展望。或许正如詹姆斯所说："**任何时候谈到MVP，都不能不提到德里克·罗斯。**"

芝加哥的球迷高举支持罗斯的横幅看球。

第二节
冲击东部决赛

度过了轰轰烈烈的2010—2011赛季常规赛后，一个现实问题摆在了这位年轻的MVP面前：**季后赛能走多远？**毕竟当时罗斯二入季后赛，却都首轮就打道回府。乔丹生涯之初也曾连续3年止步首轮。但在首次当选常规赛MVP的1987—1988赛季，他曾率队迎来突破。乔丹如此，罗斯呢？

印第安纳来客

2011年公牛队首轮对手是步行者队。13年前的1998年季后赛，带给"最后一舞"的公牛队最艰巨挑战的恐怕并非爵士队，而是步行者队。当年东部决赛，拥有雷吉·米勒的步行者队曾将系列赛拖入"抢七"，吓出芝加哥球迷一身冷汗。

13年后，步行者队仍是令同区对手不舒服的存在。尽管2011年首轮公牛队以4∶1过关，但比赛过程不像总比分所显示的那样轻松。除了G5公牛队大胜27分外，前4场分差都不超过6分，每一场双方都战至最后时刻，步行者队险些上演"黑八奇迹"。

首战公牛队以104∶99险胜，罗斯出战38分35秒，23投10中，罚球21中19，得到39分6个篮板6次助攻3次盖帽，但三分球9投尽失。

终场前3分钟，步行者队一度领先达10分，公牛队形势危如累卵。好在罗

罗斯面对步行者队小迈克·邓利维的补防完成上篮。

斯终于站了出来。他先妙传给诺阿暴扣，随即上篮造成罗伊·希伯特犯规，打成2+1，随后又亲自突破命中，仅用时2分钟便率队扳平。接着，罗斯助攻凯尔·科沃尔三分命中，又气定神闲地走上罚球线，两罚得手，完成逆转。

首战憾负反而激发了步行者队的斗志。G2战至末节，公牛队仍未能甩开对手，双方战成67平，步行者队甚至一度领先。关键时刻仍看罗斯，他末节拿下14分，十八般兵器齐上阵，终率队以96∶90险胜。全场罗斯25投11中，其中三分球5中2，罚球13中12，得到36分8个篮板7次助攻。

罗斯快攻中完成扣篮。

突破首轮

随后两场,在步行者队的围追堵截下,罗斯手感跌至冰点,命中率皆跌破30%,合计40投10中。但身为巨星,罗斯自有办法。G3他全场23分中有13分来自罚球,率队以88∶84再下一城,获得了3∶0的领先,终于瞥见晋级曙光。

但罗斯糟糕的手感仍拖慢了公牛队的脚步。G4中罗斯22投仅6中,三分球9投仅1中,仅得15分。尽管他送出10次助攻和4次抢断,公牛队仍败走"印城"。G5回到芝加哥,担心夜长梦多的罗斯终于恢复手感,全场17投8中,其中三分球8中3,罚球7中6,得到25分6次助攻2次抢断2次盖帽,率队以116∶89击败对手。

这是公牛队自2007年后首次突破首轮,但罗斯的表现多少和MVP身份不符。本轮他场均得到27.6分4.6个篮板6.2次助攻2.6次抢断,但总命中率仅为37.1%,三分命中率也只有可怜的21.6%。

究其原因,还在于步行者队是值得尊敬的对手,这也预示着该队在此后数年的崛起。在丹尼·格兰杰的率领下,步行者队勇敢地站在公牛队面前,一如两年前罗斯率队挑战凯尔特人队。胜者固然可敬,败者同样配得上鲜花和掌声。

若以后来人的眼光来看,2011年首轮公牛队遭遇步行者队的强力阻击并非全是坏事,这锤炼了全队的意志,令其警醒。而相比于步行者队,公牛队次轮的对手更是来势汹汹。

那就是老鹰队。该赛季老鹰队由乔·约翰逊、约什·史密斯、艾尔·霍福德、马文·威廉姆斯和迈克·毕比等领衔,以44胜38负位列东区第五,首轮以4∶2击败魔术队。相比于公牛队,老鹰队堪称"老江湖",当罗斯还在首轮拼杀时,老鹰队已连续三个赛季闯入东区次轮。

黑鹰降落

姜是老的辣，首战老鹰队就给了公牛队一个下马威，以103∶95获胜，破了当年季后赛公牛队主场不败的金身。该场罗斯27投11中，其中三分球7中2，得到24分5个篮板10次助攻，但约翰逊和贾马尔·克劳福德合力拿下56分，公牛队主场饮恨。

首战上半场，罗斯貌似又回到首轮，10中2仅得5分。但下半场罗斯猛醒，末节更是9中5独得11分。然而约翰逊和克劳福德末节联手拿下21分，令罗斯徒唤奈何。

由此，公牛队在G2的目标就无比明确了：捍卫主场。罗斯手感仍不佳，全场他27投10中，其中三分球8中1，罚球6中4，得到25分6个篮板10次助攻。但公牛队该赛季贵为联盟第一的防守发挥了效力，老鹰队得分骤降30分，命中率跌至33.8%，终以73∶86告负。

G3，食髓知味的公牛队如法炮制。系列赛移师亚特兰大，老鹰队在继续见识公牛队强悍防守的同时，也震惊地看到了一个满血复活的罗斯。该场比赛，罗斯出战不足38分钟，27投16中，其中三分球7中4，罚球9中8，拿下44分5个篮板7次助攻。首节罗斯就拿下17分，前三节战罢已拿下34分，最终带队轻松获胜。

东部决赛的祥云

但如果你以为系列赛就这样结束了，未免太低估老鹰队。G4中罗斯火力仍十分凶猛，23投12中，其中三分球3中1，罚球11中9，得到34分10次助攻，但老鹰队却挣脱了公牛队设下的天罗地网，打出接近五成的命中率。约翰逊、史密斯和霍福德3人得分20+，率队以100∶88将总比分扳平。

面对老鹰队乔·约翰逊的防守,罗斯突破上篮。

"天王山之战"倏忽而至,好在罗斯本场并不孤独。该场罗斯24投11中,其中三分球5中1,罚球13中10,得到33分10次助攻。洛尔·邓成为他的左膀右臂,该场也有23分入账。二人携手在首节拿下20分,率公牛队净胜11分。老鹰队苦苦扳平后,罗斯末节再得11分,率队单节净胜11分,一鼓作气拿下赛点。

这沉重打击了老鹰队的士气。G6中公牛队首节就领先10分,三节战罢领先17分,老鹰队似乎完全放弃了抵抗。全场比赛,罗斯闲庭信步般14投8中,拿下19分12次助攻,布泽尔再添23分10个篮板5次助攻,老鹰队折翅。

就这样,公牛队自1998年乔丹退役后,首次闯入东部决赛。罗斯在本轮场均得到29.8分4.3个篮板9.8次助攻,总命中率恢复至45%,美中不足的是三分命中率仍不足30%。

在公牛队球迷期盼的目光中,乔丹时代曾飘浮在芝加哥上空的祥云,貌似再次聚拢而来了。

场均 *29.8* 分
4.3 个篮板
9.8 次助攻
总命中率 *45%*

CHICAGO

老鹰队主教练拉里·德鲁祝贺罗斯率队晋级。

第三节
再战詹皇

东部决赛终于重新回到了芝加哥。为了这一天,罗斯等待了3年,芝加哥球迷则苦苦等待了13年。尽管过程艰辛,但当真正踏上东部决赛赛场的那一刻,罗斯和公牛队会感到一切都是值得的。正如泰戈尔在诗中写道:"**离你最近的地方,路途最远;最简单的音调,需要最艰苦的练习。**"

然而,罗斯明白,公牛队本赛季的征程尚未结束,甚至可以说刚刚开始。只有在最强劲的对手面前,才能检验出自己最真实的成色。此番充当公牛队试金石的,正是热火队"三巨头",而这也是罗斯和詹姆斯第二次在季后赛相遇。

最强的敌人

话分两头,却说2010年季后赛,詹姆斯在首轮率领骑士队4:1淘汰公牛队后,也未能走得太远,在东区次轮就以2:4不敌宿敌凯尔特人队。在2007年折戟总决赛后,骑士队不进反退,再也未能重返总决赛,这也让詹姆斯生涯前两座常规赛MVP拿得有些尴尬。斩获荣誉无数,陈列室里仅缺冠军奖杯装点,这让从出生时起就从未离开过家乡的詹姆斯,第一次动了"外面的世界很大,我想去看看"的心思。

詹姆斯带领的热火队。

　　终于，詹姆斯在电视直播中公开表示"会将天赋带到南海岸"，一石激起千层浪。克利夫兰的球迷以最极端的方式表达了愤恨，更多的球迷则一脸愕然。毕竟，像詹姆斯这样被预定为联盟未来第一人的巨星，竟然选择在盛年时抱团，从乔丹时代走过来的球迷对此多少是有些抵触的。

　　只有迈阿密球迷欣喜若狂，詹姆斯、韦德和克里斯·波什的联手，让他们自2006年后再次嗅到了冠军的味道，也对"神算子"帕特·莱利的暗度陈仓钦佩不已。但其实，这份狂喜和憧憬，芝加哥球迷本来也能体会得到，甚至机会更大。

　　这就引出了NBA近年来的一桩公案。有消息称，在2010年季后赛结束后，韦德和詹姆斯曾想过加盟公牛队。芝加哥也是韦德的故乡，他想要回家乡球队打球情有可原；詹姆斯则是看好公牛队的前景。坊间曾有传说称，詹姆斯喜欢罗斯的打球方式，想要和他携手合作。

对方主动示好，眼看天大的馅饼要掉到手中，公牛队高层立刻行动了起来。但此时，他们却赫然发现罗斯并不愿配合。据说，罗斯并不是排斥詹姆斯、不想和詹姆斯一起打球，而是心里始终有个执拗的想法："我就在这里，如果你想来，我们就一起打球；但我是不会参加招募，去主动劝说另一个人来和我打球的。"

此消息一出，有不少球迷将公牛队未能组建"三巨头"的责任一股脑儿算在了罗斯头上。但对此，罗斯后来也做出过澄清，称他当时也曾录了一段招募詹姆斯的影片，但他并不确定詹姆斯等人是否曾看过。

说到底，这是罗斯的性格使然，无可指摘。当年在英格伍德街区，在母亲和哥哥的羽翼下逐渐长大时，罗斯就养成了内敛沉默的性格，同时也多了份执拗。篮球是他的语言，是他内心的宣泄，他会在心里暗暗使劲。但类似于登上飞机、飞到詹姆斯身边、恳请他前来和自己合作的做法，却是和罗斯的内心相违背的。

巅峰无限美

就这样，公牛队和热火队如同两位霸主，各自开疆拓土，终于到了碰面的时候。不过，到此时为止，芝加哥球迷仍是自信的，即便对方拥有詹姆斯。因为在他们的记忆中，热火队素来是公牛队的手下败将。对热火队而言，对抗公牛队的历史就是一部血泪交加的历史。

在2011年之前，双方在季后赛碰面5次，公牛队赢了4次，前3次均发生在乔丹时期。2006年，热火队终于在首轮以4∶2向公牛队"复仇"，但2006—

2007赛季的揭幕战，公牛队就在迈阿密亲手捣毁了热火队的夺冠庆典，客场大胜42分。这也为2007年首轮公牛队以4：0阻断热火队卫冕的美梦埋下了伏笔。

公牛队一度让热火队绝望到何种程度？詹姆斯刚加盟热火队时，曾被迫将球衣号码从23号改成了6号，因为热火队23号球衣已经退役，不是为别人，正是为乔丹。没错，热火队为一位从未在本队效力过的球员退役球衣，这在NBA也是绝无仅有了。

东部决赛首战的结果貌似也印证了芝加哥球迷的预测。在联合中心球

东部决赛第一场，罗斯得到28分6次助攻，带队赢球。

馆，上半场两队相持不下，第三节公牛队率先发力，单节净胜9分；最后一节，热火队仍无起色，公牛队乘胜追击，单节净胜12分，竟以103∶82大胜。

本场罗斯的表现自然可圈可点。他出战38分20秒，22投10中，其中三分球7中3，罚球6中5，得到28分6次助攻。在拉开分差的第三节，罗斯7中3独得10分，竟只比本节"三巨头"总得分少2分。洛尔·邓成为他的好帮手，全场三分球6中4，得到21分7个篮板4次抢断。

不过，"詹韦组合"该场双双失常，也是不容忽略的原因。二人该场得分均未达到20分，合计仅33分，韦德17中7，詹姆斯15投更是仅中5球。热火队仅靠波什一人17中12拿下30分9个篮板与敌周旋，但也仅坚持了半场。

该赛季公牛队联盟第一的防守在首战威力尽显。锡伯杜对"詹韦组合"实行包夹，仅放波什进攻，同时加快防守轮转速度，在扫清詹、韦这两个火力点的同时，也切断了他们和本队角色球员的联系，洛尔·邓对詹姆斯的单防也颇见成效。当然，坊间还有一种说法，称詹姆斯在首战前夜兴奋过度，导致第二天在赛场上化身"软脚虾"。

此外，公牛队首战命中率并不高（43.7%），虽凭借19∶6的进攻篮板多出19次出手，但也仅比热火队多命中6球。三分球是公牛队获胜的另一法宝，该场公牛队三分球21中10，令热火队（8中3）相形见绌。

第四节 最后的巅峰

2010—2011赛季常规赛，公牛队三战热火队全部获胜。算上2011年东部决赛首战，短短一个赛季，热火队竟连续4场不敌同一个对手，这对刚组建了豪华阵容并志在夺冠的热火队而言是不可思议的。然而，就在芝加哥球迷翘首以盼总决赛重返"风之城"时，命运却和公牛队开了个大大的玩笑。

怕什么来什么

东部决赛首战以103∶82大胜热火队，看似可喜，但仔细想来，坐镇主场又是常规赛东区头名的公牛队，只算完成了例行任务而已，接下来倘若在第二个主场有所闪失，优势会瞬间转化为劣势。

但正如"墨菲定律"所说，如果事情有变坏的可能，不管这种可能性有多小，它总会发生。2011年东部决赛G2，芝加哥球迷好不容易积攒起来的好心情瞬间跌入冰谷。

该场公牛队首节仍领先，但随后进攻效率却直线走低，整个下半场公牛队仅得29分，第四节更是只得了10分。尽管公牛队的防守让热火队在末节也仅得14分，全场85分仅比首战多了3分，但公牛队的75分却足足比首战少了28分。即便将常规赛82场都算在内，75分也刷新了2010—2011赛季公牛队单场最低得分纪录。

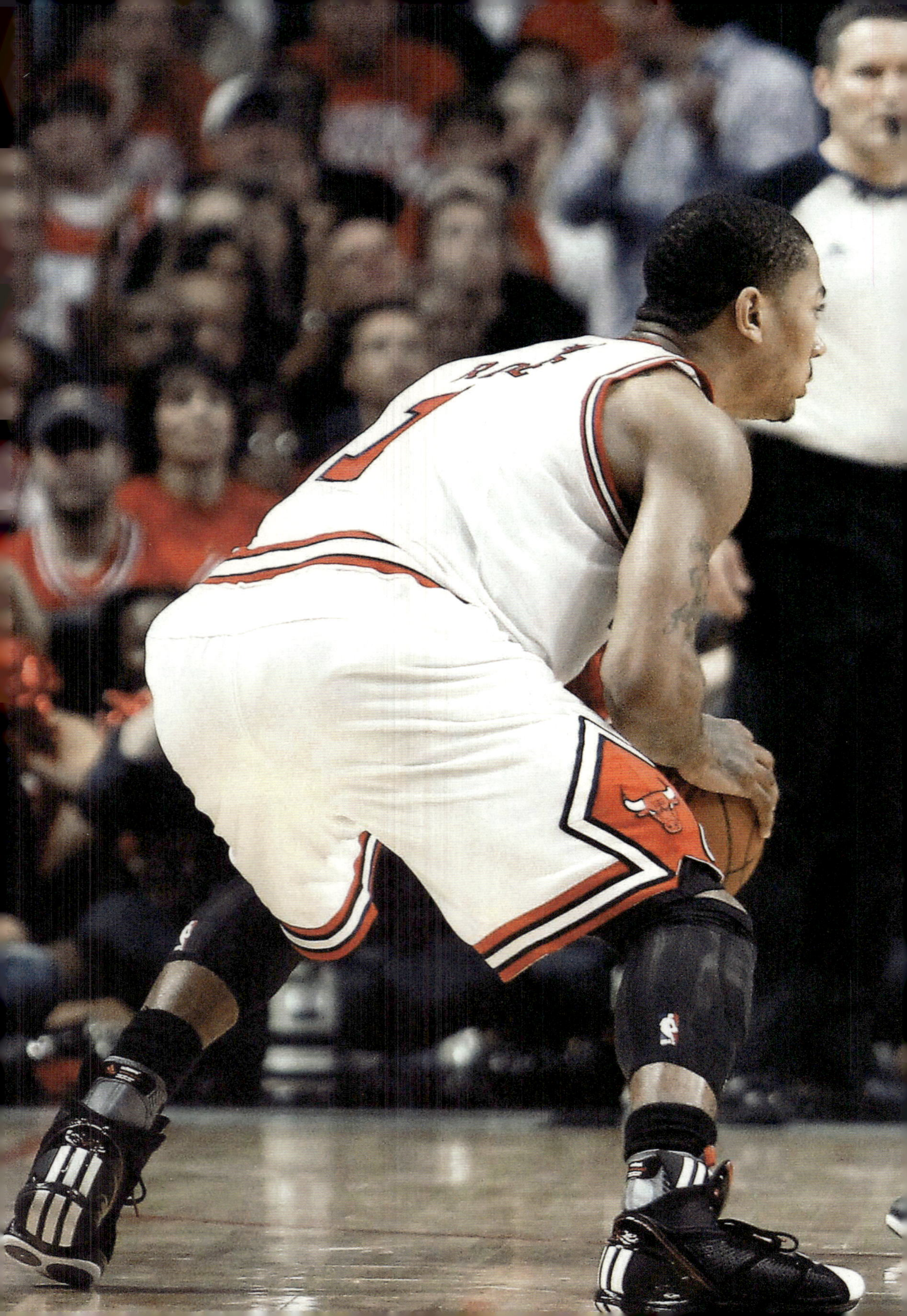

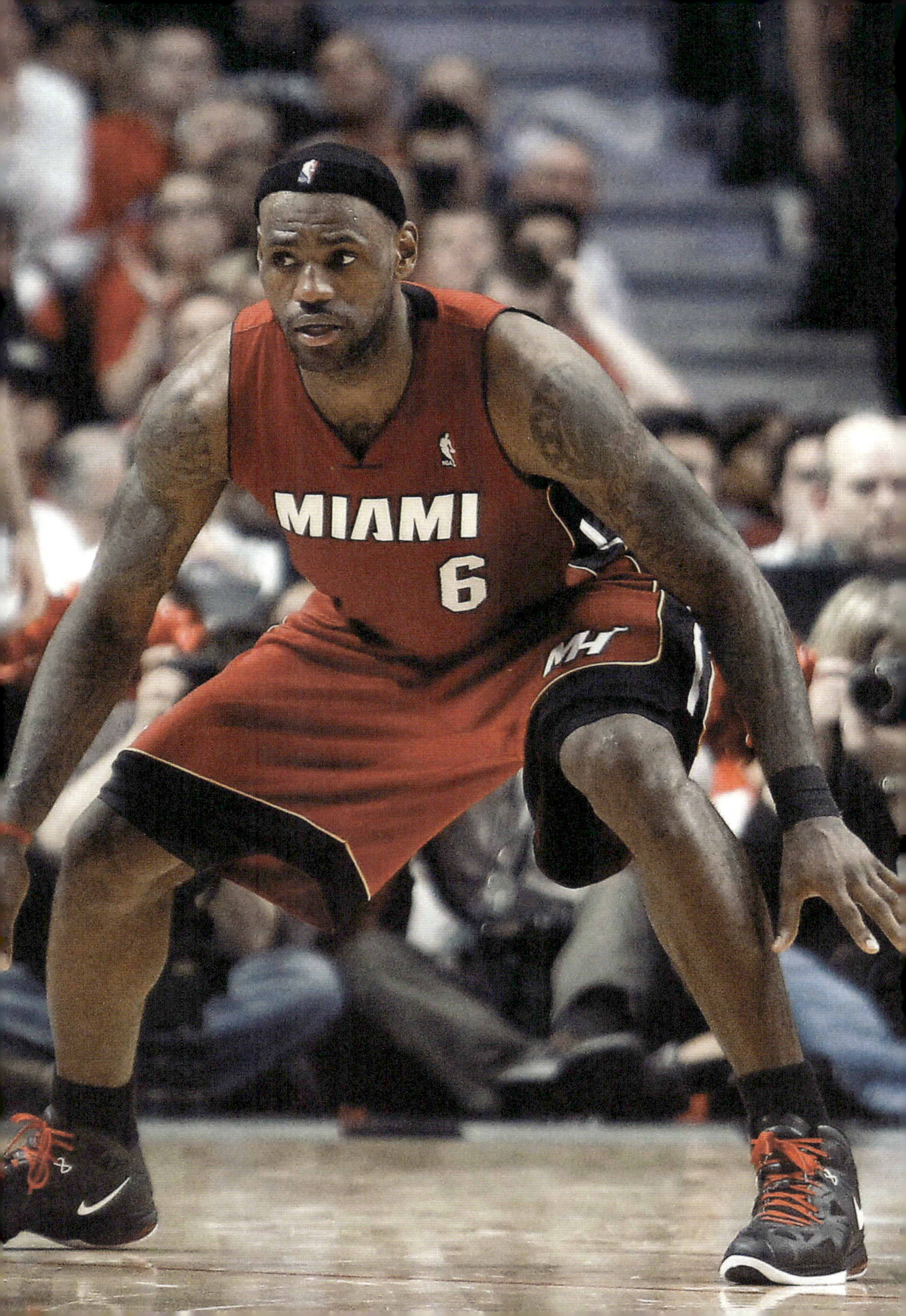
MIAMI
6

罗斯难辞其咎。全场他23投仅7中，三分球3投尽失，罚球10中7，得到21分6个篮板8次助攻。受其感染，洛尔·邓15中5，布泽尔10中3，科沃尔7中1，三人合计仅得23分。公牛队总命中率仅为34.1%，全队共出手20记三分，仅命中可怜的3球。

遭遇反制

系列赛移师迈阿密，公牛队将士满腹狐疑地来到南海岸，等待他们的是又一个手感欠佳的夜晚，球队以85∶96落败。该场赛季，罗斯19投8中，其中三分球3中1，罚球3中3，得到20分5个篮板5次助攻。布泽尔同样19投8中，但凭借12中10的罚球，他拿下26分17个篮板2次盖帽。

在罗斯和布泽尔苦苦寻觅丢失的瞄准镜时，"詹韦组合"早已逃出生天。G2，他二人就联手拿下53分，宣告公牛队的防守策略失效。G3中韦德手感不佳，但波什重焕生机，全场18中13，罚球10中8，拿下34分5个篮板。再加上詹姆斯22分6个篮板10次助攻2次抢断2次盖帽的全能表现，热火队在主场奏凯。

公牛队本欲掐住热火队的咽喉，却不料被热火队抓住了七寸。系列赛之初，公牛队在防守"詹韦组合"上费心劳神，殊不知对手也在钻研自己，罗斯成为对手重点"看护"的目标。系列赛迄今罗斯的手感持续下滑，但套用一句广告词："没有最糟，只有更糟。"

G4赛后，盯着技术统计表，罗斯无法相信自己的眼睛。该场他27投仅8中，命中率仅为29.6%，三分出手9次仅命中1球。尽管他仍得到23分6次助攻，却出现多达7次失误。这不是2011年季后赛罗斯命中率最低的一场，当然也不是得分最少的一场，但若综合来看，称其是表现最离谱的一场应不为过。

当然，韦德的手感也未恢复，双方都呈现出三名核心球员中一人"挖坑"、两人奋力"填坑"的态势。热火队这边是詹姆斯和波什，二人合力拿下57

东部决赛第三场，罗斯在波什的补防下投篮，本场比赛波什成为热火队赢球的最大功臣。

受到重点盯防的罗斯手感不佳，面色凝重。

分；公牛队这边则是布泽尔和洛尔·邓，二人共得到40分，命中率高达五成。

因此，比赛无法速战速决，被拖入加时赛。第四节终场前，罗斯2罚1中，追平比分，但随后他又2投全部偏出，距绝杀咫尺之遥。糟糕的手感也延续到加时赛中。整个加时赛，罗斯3投0中颗粒无收，热火队以101：93再下一城。

绝望的反击

总比分1：3落后，公牛队已被逼入绝境。这让他们在G5的反击更犀利，结局也更为悲壮。

该场第四节至今仍是芝加哥球迷不愿提及的痛。比赛还剩3分14秒时，公牛队还以77：65领先12分。见此情形，不管是场边的解说员还是电视机前的评论员，都已开始为系列赛后续如何发展打起了腹稿，总比分领先的热火队也显得意兴阑珊。

就在此时，风云突变。在公牛队领先12分仅10秒后，系列赛一直饱受膝伤困扰的韦德利用招牌式突破迅速拿下2分。随后，韦德将罗斯的传球抢断，并转过头来快攻得手，哨声响起，罗斯犯规，2+1，但韦德加罚未中。

一种微妙的气氛在场上蔓延开来。随后，泰·吉布森跳投偏出，"詹韦"连线，詹姆斯在三分线外出手命中，分差瞬间被缩小到5分，此时距比赛结束还有2分07秒。

见此情形，罗斯奋力突破拿下2分，但尚未能安抚浮动的军心，他却铸成大错。比赛还剩1分30秒，又是"詹韦"连线，这回换韦德出手。就在他投出的三分以优美的弧线落入网中时，刺耳的哨声再次响起，罗斯的手触碰到韦德的肘部，3+1！

恍惚间，联合中心球馆的球迷貌似穿越时空回到12年前的麦迪逊广场花园球馆。1999年东部决赛G3，尼克斯队前锋拉里·约翰逊也曾在终场前5.7秒完成"打四分"，率尼克斯队死里逃生，最终以4：2晋级。和他一样，韦德也笑纳大礼。

罗斯越发急躁，跳投未果，随后又失误，詹姆斯借机连得5分，热火队在终场前30秒反超。此时公牛队众将已身处绝望的边缘。20秒暂停后，罗斯造成詹姆斯犯规，却鬼使神差地2罚1中。波什2罚2中后，罗斯绝望的三分又被詹姆斯一掌扇飞，芝加哥球迷被迫看着对手在联合中心球馆庆祝加冕东区冠军。热火队打出了18：3的比分，让芝加哥遭遇了悲惨的**"黑色三分钟"**。

梦犹未醒

没有更多的言语可以抚慰受伤的心灵。2011年东部决赛，罗斯场均得

稍显稚嫩的罗斯没能带队战胜"三巨头"领衔的热火队。

到23.4分4个篮板6.6次助攻,但总命中率仅为35%,三分命中率更是离谱的23.3%。芝加哥球迷不忍苛责他们的MVP,他们乐观地认为,罗斯毕竟还年轻,还有的是时间率公牛队再创辉煌。谁也不会料到,2011年季后赛竟然成了罗斯职业生涯中最为成功的一届季后赛。

罗斯是幸运的,他拥有了生涯最高光的赛季,彪炳史册,流芳后世;罗斯又是不幸的,最高光的赛季同时也是生涯最大转折的前奏。罗斯的2010—2011赛季就这样踏着欢快的脚步蹦蹦跳跳而去,只留罗斯栖身于"风之城"巨大的剪影中。天亮了,梦未醒。

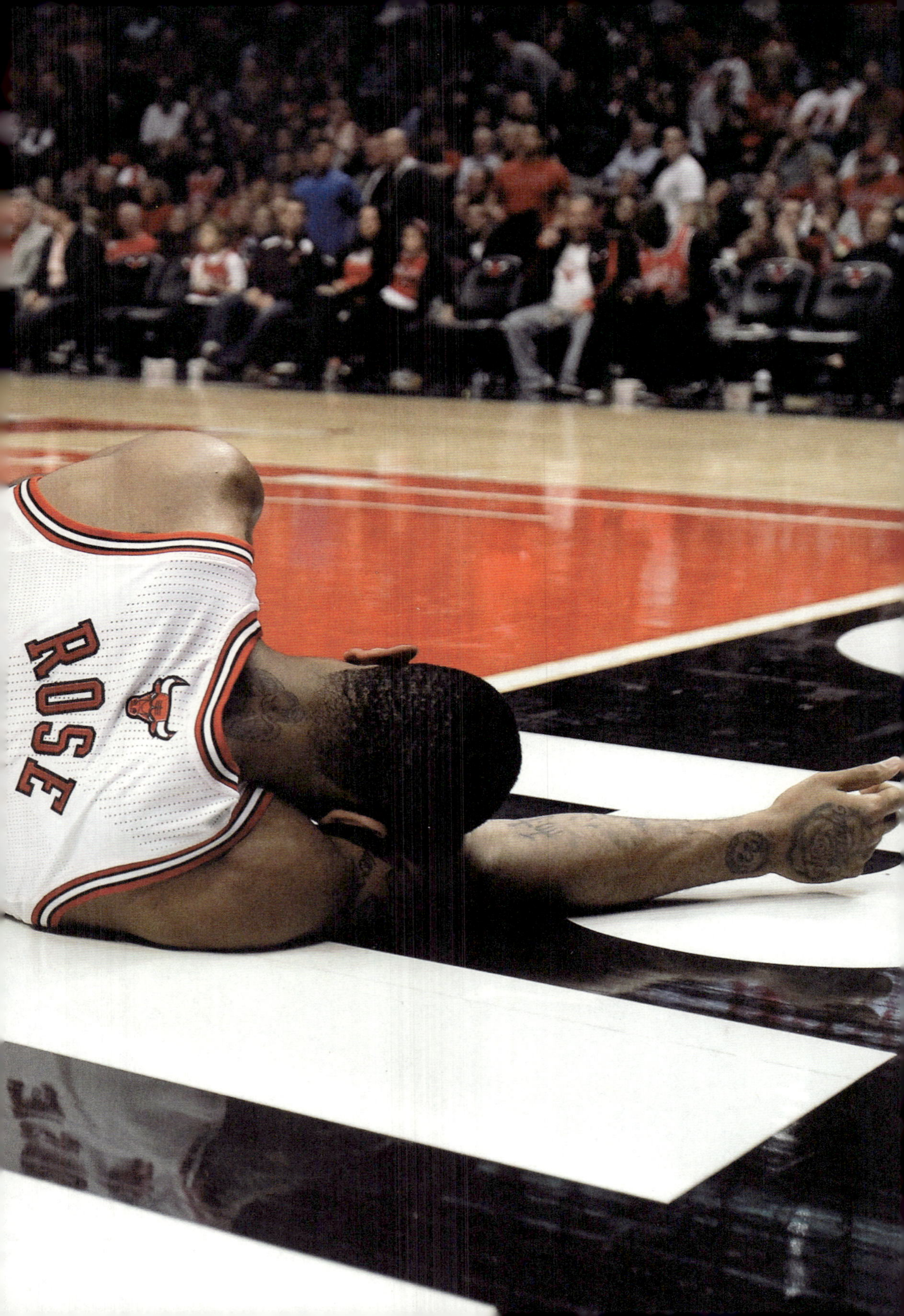
ROSE

第五章·
风城之殇（上）
ROSE

第一节
罗斯条款

在波澜壮阔的2010—2011赛季结束后,一场突如其来的风暴席卷了整个NBA,而罗斯在2011年也将以别具一格的方式,将自己的名字留在NBA历史上。

停摆风波

2010年休赛期,詹姆斯南下迈阿密,热火队"三巨头"威震联盟。热火队的"一夜暴富"使得现行劳资协议也成了各队老板的眼中钉、肉中刺,他们纷纷呼吁联盟出手干预类似的巨星抱团。

其后,2010—2011赛季如火如荼地展开,但一股暗流已在地底涌动。2011年全明星周末期间,联盟高层透露,联盟每年亏损已达3亿美元,处于亏损状态的球队多达22支,为此他们希望将球员薪水占比降到50%以下,同时效法美国国家橄榄球联盟和冰球联盟出台硬工资帽。这两项也成为当年劳资谈判最核心的两大议题。

在旧版劳资协议施行的最后一天,即6月30日,劳资谈判破裂,停摆在7月1日正式到来。受到NBA停摆冲击最大的无疑是球员。一时间,全美各地的次级别赛事和地方性赛事涌入了大量的NBA球星。还有一些中低收入球员选择前往海外联赛淘金,据统计一共有超过70名球员远渡重洋。

转机说来就来。11月26日,经过15个小时艰苦的拉锯战,劳资双方达成协议，球员同意薪资占比降至51.2%，接下来数年在49%到51%之间浮动。12月8日，新版劳资协议正式达成，宣告长达149天的停摆结束。

2011—2012赛季常规赛被缩短到66场，休赛期和训练营同时在12月9日开启，16天后的12月25日，常规赛就将烽烟再起。如此紧促的安排，使得球员们无法拥有充足的训练和备战时间，超负荷运转又增加了受伤的风险。

喜获顶薪

不过，罗斯当时尚未意识到，联盟这149天发生的一切，将会对他的生涯产生多么重大的影响。就在新版劳资协议达成后没多久，公牛队送上了一份五年9400万美元的顶薪合同，罗斯欣然提笔签上了自己的大名。

罗斯拍摄新赛季定妆照。

如此礼遇在当时看来顺理成章，但就在数年前却还只是罗斯和其家人一个遥不可及的梦想。能在家乡球队打球，能在这里当选MVP，还能在这里续签顶薪合同，这样的故事完美得令人难以置信，宛如在童话中。而对芝加哥而言，罗斯自然就是童话中那个守护天使。

罗斯顶薪续约，也让一个新名词自此步入NBA历史。

以"玫瑰"之名

在2011年底达成的新版劳资协议中，有一项专为处于新秀合同期内的球员而设的条款，这就是**"罗斯条款"**。罗斯并非第一位使用这项条款的球员，但能让NBA新出炉的条款标上自己的大名，对罗斯而言仍是莫大的荣耀。

该条款是指一名球员在新秀合同结束后签订生涯第二份合同时，能够得到一份起薪占工资帽30%的顶薪合同，但需要满足以下任意一个条件：在新秀合同期内当选过常规赛MVP，或两次被选为全明星首发球员，或两次入选年度最佳阵容（从一阵到三阵皆可）。由于当时符合条件的仅罗斯一人，故该条款被称为"罗斯条款"。

联盟推出"罗斯条款"的意义在于，可以让那些在新秀合同期内明显优于同侪的菜鸟获得额外奖励，不用在新秀合同到期后，必须按"指定球员条款"获得起薪占工资帽25%的新合同。

其实，在2011年新版劳资协议中，"罗斯条款"属于"指定球员条款"的一种，是在满足特定条件时对其的一种升级。而"指定球员条款"相比于过去最大的变化，就是允许球队和本队新秀续签一份为期五年的顶薪合同，而非四年。

不管是"罗斯条款"中的起薪占工资帽30%，还是"指定球员条款"中规定的五年合同年限，从中都可以看出，其实联盟在奖励青年才俊的同时，也在为母队留下这些青年才俊创造更有利的条件，初衷自然还是为了帮扶小城市球队，使其在和新秀商谈续约时，至少在新合同的金额和年限上能获得其他追逐者没有的优势。

前人栽树后人乘凉

不过，如果考虑到第一位受益者，这项条款或许该更名为"杜兰特条款"。

在"罗斯条款"出台前的2010年休赛期，杜兰特已和雷霆队续签了一份五年8600万美元的合同，新合同将在2011—2012赛季生效。但在2010—2011赛季，仍处于新秀合同期内的杜兰特第二次入选最佳阵容一阵，达到了触发"罗斯条款"的条件。最终，联盟出面掏腰包，补足了杜兰特多出来的1250万美元薪资，但要计入雷霆队的薪资空间。

坊间有一种说法，正是多出来的这1250万美元成为"压垮骆驼的最后一根稻草"。2012年休赛期，同时面临赛尔吉·伊巴卡和詹姆斯·哈登续约问题的雷霆队，因不愿缴纳奢侈税，被迫将哈登送至火箭队。说"雷霆三少"的未来被"罗斯条款"扼杀在襁褓中，并不为过。

这还使威斯布鲁克成为迄今唯一一放弃激活"罗斯条款"的球员。2010—2011赛季，威斯布鲁克入选最佳阵容二阵，但雷霆队仅给他开出一份为期五年、起薪占工资帽25%的合同。为球队考虑，在2011—2012赛季再次入选最佳阵容二阵的威斯布鲁克对"罗斯条款"说了不。可惜，他的牺牲并未留住哈登。

布雷克·格里芬、保罗·乔治和达米安·利拉德也相继成为"罗斯条款"的受益人。

2012年休赛期，格里芬以五年9500万美元的合同与快船队续约。格里芬在2011—2012赛季已入选最佳阵容二阵，2012—2013赛季他再次入选，并连续两个赛季成为全明星首发球员，激活"罗斯条款"。

2014年，乔治也激活了"罗斯条款"。2012—2013赛季，乔治入选最佳阵容三阵。于是，在2013年休赛期，步行者队也送上了一份附带激励条款的顶薪合同。结果，在2013—2014赛季乔治再次入选最佳阵容三阵，喜滋滋地将五年9000万美元的合同收入囊中。

2015年，开拓者队给利拉德送上了五年1.2亿美元且附带激励条款的新合同。当时利拉德两次入选全明星但皆为替补，不过已入选了一次最佳阵容三阵。2015—2016赛季，利拉德不负众望，成功入选最佳阵容二阵，触发"罗斯条款"。

多年后，在做客《丹·帕特里克秀》节目时，罗斯曾现身说法谈起了"罗斯条款"，称这项条款帮助了NBA初来乍到的年轻人，在某种程度上也促进了NBA的发展，并告诉年轻人：**"只要做你该做的事，并能做得很好，就会有更多金钱上的奖励。"**

这是罗斯对后辈的勉励，同时也是对自己的一种肯定。

"罗斯条款"帮助多位有潜力的新星得到了更多金钱奖励。

第二节
霉运不断

如果有球迷从现在穿越回2011—2012赛季前,定会劝阻罗斯踏上新赛季的征程,至少会劝他要万分小心。因为这一个赛季对罗斯而言凶险至极,**他的生涯也就此被生生切断成两半**。

暗流涌动

当时的芝加哥一派歌舞升平。公牛队虽未能闯入总决赛,但13年来首次进入东部决赛足以令人满意。罗斯成为新科常规赛MVP,还在2011年休赛期以一份五年顶薪合同,将自己的未来五年都托付给了"风之城"。自乔丹退役后,芝加哥的前景从未如此光明。大家乐在其中,没人留意到"风之城"的地下早已暗流涌动,只待一个时机就将喷薄而出。

2011年圣诞节貌似又渲染了这种欢快的气氛,2011—2012赛季就这样踏着轻盈的脚步而来。揭幕战,罗斯13中9,其中三分球6中4,得到22分5次助攻,率队在斯台普斯中心一分险胜湖人队,从客场凯旋。该场比赛,罗斯在终场前4.8秒抛投命中"准绝杀",科比则错失绝杀,让他该场所得的28分7个篮板6次助攻打了水漂。

尽管第二场不敌勇士队,但公牛队随后连胜一波接一波。6连胜被终结后,5连胜接踵而至,随后又是4连胜,就这样,公牛队取得了16胜3负的完美

2011年12月25日，罗斯抛投绝杀湖人队。

开局。

只是罗斯却在此时出了些状况。连续出战了前11场比赛后，他在1月11日对阵奇才队的比赛中未能出场；复出参加了2场比赛后，他又连续缺席1月16日至21日的4场比赛，好在公牛队取得了3胜1负。当时的人们尚不知，打打停停会成为这个赛季罗斯的常态。

连续出战了10场比赛后，从2月10日到18日，罗斯又连续5场高挂免战牌，这5场公牛队取得3胜2负。接着连续出战11场比赛后，罗斯请了本赛季最长的假，从3月14日到4月10日，14场比赛他缺席了13场，其间连续缺席的场次更是达到了12场。而从4月16日到常规赛收官这6场比赛，他也仅出战了2场。

由此算下来，该赛季常规赛66场比赛，罗斯出战39场，出勤率仅为59%。如果换算成完整的82场，那么罗斯的出场数甚至不足50场。这39场比赛，罗斯

受到伤病影响，
罗斯在2011—2012赛季多次缺席比赛。

场均出战35.3分钟，得到21.8分3.4个篮板7.9次助攻，总命中率43.5%，三分命中率31.2%。和上个赛季相比，他的场均出场时间、得分、篮板和两项命中率都出现了下滑，唯有助攻再攀新高，缔造生涯新纪录。

不祥之兆

2012年全明星投票也彰显了罗斯的超高人气。他连续两年被选为全明星首发球员，本次共得到1,514,723张选票，在联盟高居第三，仅次于霍华德（1,600,390张选票）和科比（1,555,479张选票）。

2月26日，在奥兰多进行的全明星正赛上，罗斯和詹姆斯、韦德、霍华德、卡梅隆·安东尼联袂首发出场，他出战18分17秒，8投6中，其中三分球2中2，得到14分3次助攻。全明星赛MVP由率领西区明星队以152∶149战胜东区明星队，且全场25投14中拿下36分7个篮板3次助攻3次抢断的杜兰特获得。

但如今提到罗斯的2011—2012赛季，人们脑海中还是首先会蹦出"伤病"这个讨厌的字眼。该赛季也的确是罗斯的伤病开始爆发的一年。翻开罗斯的伤病史，会发现以下这些触目惊心的记录：2012年1月11日和16日，左脚大拇指2次扭伤，共停赛5场；2月10日，背部痉挛，停赛5场；3月14日，腹股沟拉伤，停赛12场；4月10日，右脚踝扭伤，停赛1场；4月16日，右脚疼痛，停赛3场。

再来做一番对比则更令人唏嘘。在2011—2012赛季前，罗斯仅有3次因伤缺席，合计仅缺席6场，分别是：2009年3月24日右手腕受伤，停赛1场；2010年3月12日，左手腕扭伤，停赛4场；2010年11月26日脖子受伤，停赛1场。换句话说，生涯前3个赛季堪称金刚不坏之身的罗斯，却在2011—2012赛季霉运当头。

涓涓细流汇聚，终有令堤坝决口的那一天。罗斯在2011—2012赛季持续不断的小伤累积，终于临近了爆发的那一天。

罗斯 全明星正赛详细数据

赛季	2009—2010	2010—2011	2011—2012
首发	否	是	是
出场时间	15分25秒	29分57秒	18分17秒
投篮命中率	50.0%	38.5%	75.0%
篮板	0	3	1
助攻	4	5	3
抢断	3	1	0
盖帽	0	0	0
失误	1	1	2
犯规	0	0	1
得分	8	11	14

CHICAGO BULLS

第三节
生涯分水岭（上）

在NBA历史上不乏被伤病毁掉的天才，球迷们对此可谓"如数家珍"。从在NCAA风光无限的比尔·沃顿，到先后被冠以"乔丹接班人"的格兰特·希尔和"便士"哈达威；从在开拓者队昙花一现的布兰顿·罗伊，到2007年状元秀格雷格·奥登。而在这份长长的名单中，我们很不幸地看到了罗斯的名字。

不愿回首的一幕

后来谈及罗斯在2012年首轮G1的那次重伤，当时效力公牛队的诺阿曾坚称，这断送了公牛队在该赛季的夺冠希望。他相信，如果罗斯没伤，2012年总冠军奖杯不会被捧回迈阿密。"直到今天我也坚持认为，公牛队夺冠是毫无疑问的，毕竟当时根本没有球队能够战胜我们。"诺阿说。

看过2011—2012赛季季后赛开打前的形势，就可知诺阿并非在信口开河。在那个缩水赛季，公牛队取得50胜16负，胜率75.8%，和西区的马刺队持平，又因为胜负关系（公牛队在赛季中曾击败过马刺队）而得以独享联盟第一。这意味着从首轮到总决赛，公牛队将享有全部的主场优势。对于该赛季主场胜率高达78.8%的公牛队而言，这将是其争冠路上的一大利好。更何况，公牛队还将拥有健康的罗斯。

公牛队首轮的对手是东区第八、常规赛35胜31负的76人队。彼时的76人队尚未进入暗无天日的摆烂时期，球队由安德烈·伊戈达拉、埃尔顿·布兰德、朱·霍勒迪、赛迪斯·杨和路易斯·威廉姆斯等球员领衔，防守效率高居联盟前三，但进攻效率仅排第20位，典型的重守轻攻。

  这样的对手对于公牛队而言是难以构成实质威胁的，因此首轮也被视为走过场。一切正如人们赛前所料。前三节战罢，公牛队已领先13分。终场前7分53秒，公牛队领先16分，本以为本场将进入漫长的垃圾时间，但在看到身穿

公牛队面对76人队的季后赛第一场，罗斯持球面对"路威"的防守。

公牛队1号球衣的罗斯走向场边准备替换队友时，大家突然有了精神，同时还有些狐疑。

没错，在公牛队基本拿下比赛的时候，本该提前休息的罗斯又重新披挂上阵。而且他可不是来"打酱油"的。登场后，罗斯立刻连续送出助攻，洛尔·邓和科沃尔接连跳投得手，随后科沃尔投桃报李，罗斯也投篮命中。然而，眼看比赛大局已定，公牛队却没有丝毫要将罗斯换下的意思，就这样拖到终场前还剩1分22秒时，出事了。

当时，罗斯持球推进到篮下，面对76人队大中锋斯潘塞·霍伊斯，罗斯做出一个假动作——突然向右侧跳步，闪到了霍伊斯左侧的空当。但此时，罗斯却突然趔趄了一下，随后他面对布兰德勉强跳起，然后重重摔倒在地板上，手捂着左膝，表情痛苦，许久未能起身。

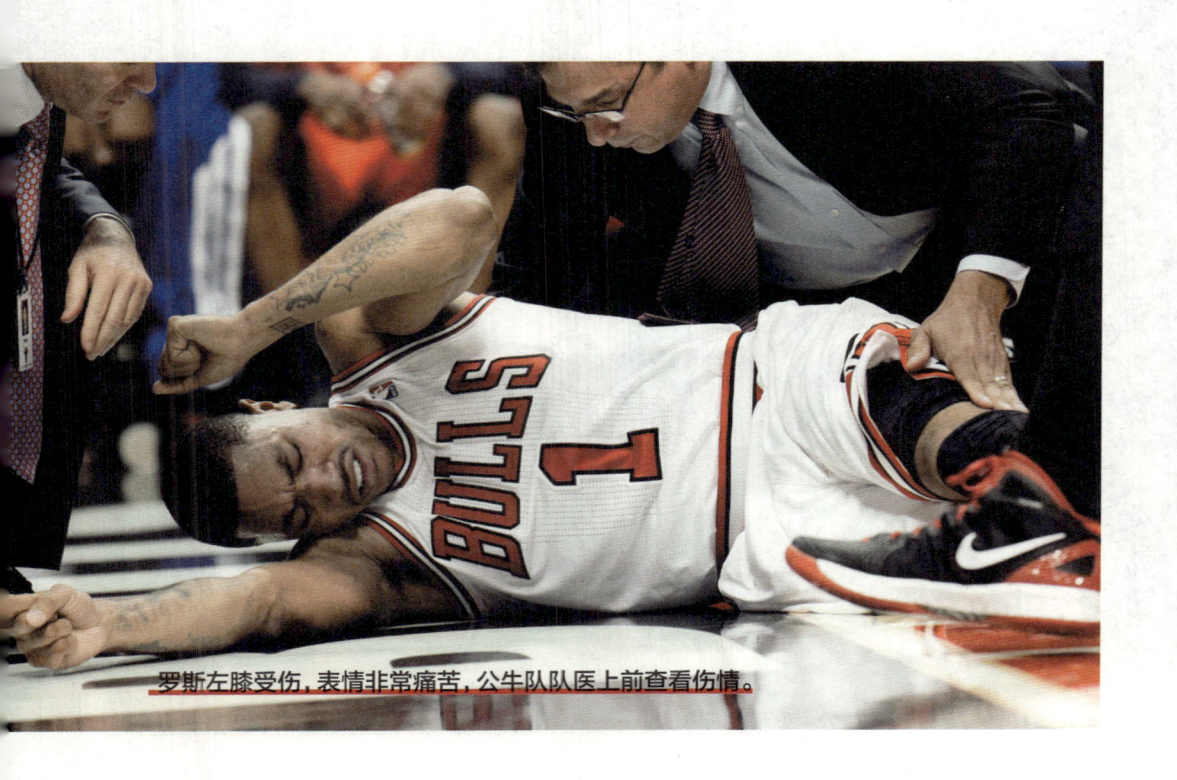

罗斯左膝受伤，表情非常痛苦，公牛队队医上前查看伤情。

眼看情况不妙，76人队叫了暂停，队友和队医急忙聚拢过来查看罗斯的伤情，随后罗斯被迫离场，被送往医院，不久公牛队就听到了最不愿听到的消息。球迷们从公牛队官方获悉罗斯因左膝前交叉韧带撕裂而赛季报销时，无不心如死灰。半个月后，罗斯接受了手术，恢复期预计为8到12个月。

罪魁祸首

其实，翻开罗斯此前的伤病史，他并非一位常年缠绵病榻的伤号，病历本可谓干干净净。考虑到罗斯那长驱直入、偏重持球突破的硬朗球风，这有些出人意料。不过，罗斯显然低估了缩水赛季的紧密赛程，在常规赛期间就小伤

罗斯的伤情被诊断为左膝前交叉韧带撕裂。

不断。更令罗斯郁闷的是，他甚至来不及喘上一口气。罗斯一度将其归咎于NBA总裁斯特恩，并将"贪婪"这一形容词安在他的头上。

其实，罗斯这次重伤，或许还要从自身找原因。正所谓见微知著，从2011—2012赛季一些细微的变化上，我们或可一窥罗斯遭此磨难的真正原因。

从出手分布上来看，2011—2012赛季罗斯在篮下3英尺（1英尺=0.3048米）和距篮筐3到10英尺这两大区域的出手占比，分别达到31.7%和18.3%，后者缔造生涯新高，前者也创罗斯生涯第二高，仅次于新秀赛季的39.2%。与此同时，该赛季罗斯的两分球受助攻率（17.3%）和三分球受助攻率（50%）却都创生涯新低。

这意味着，罗斯在本赛季再次增加了突破到篮下进攻的比重，且持球完成突破的比例也进一步上升，无球的戏份进一步缩减。也就是说，2011—2012赛季，罗斯将自己惯用的持球突破型打法又向前推进了一步。偏偏这样的推进还是发生在赛程密集的缩水赛季，自然加剧了身体的负荷和损耗。

此外，该赛季公牛队贵为常规赛头名，罗斯又加冕MVP，外界的期待也由此被调高。自从1998年乔丹退役后，公牛队对总冠军的渴求已达到顶点。芝加哥球迷无不翘首以盼，巴望着罗斯能带他们重返他们曾经无比熟悉的舞台。在这种高期待下，带伤出战对罗斯而言也就成了家常便饭。

2002年世界杯，上届冠军法国队竟在小组赛打道回府，国内某知名媒体曾为这条新闻取了一个令人动容的标题："为齐达内哭泣"。但尼克斯队名宿帕特里克·尤因在谈到生涯无冠时，也曾说过一句名言："我不会为打翻一杯牛奶而哭泣。"或许，在罗斯生涯最重大的转折面前，眼泪确实是廉价的。

第四节
生涯分水岭（下）

罗斯遭遇重伤报销，如同小行星撞击地球，**掀起了弥漫全球的滔天巨浪**。

众矢之的

当时的人们还不习惯从罗斯身上找原因，公牛队主帅锡伯杜随即成为众矢之的。大家纷纷质疑，他为何让常规赛期间就伤病不断的罗斯，在胜负已定的情况下，还在场上出战这么长时间？面对记者的"长枪短炮"，锡伯杜回应称，在第四节还剩7分52秒时，罗斯是应该出场的，公牛队得依靠他来给比赛画上一个句号。锡伯杜承认，他们当时并没有很好地处理相关事宜，这就是他所有的想法。

2003—2004赛季活塞队夺冠主力、当时效力公牛队的"面具侠"理查德·汉密尔顿为锡伯杜辩护称，在罗斯受伤前，最多曾落后20分的76人队已顽强地将分差追到12分，这是锡伯杜不敢将罗斯换下场的原因，而悲剧就在此刻发生。"当时76人队已经开始反击，而在季后赛中，你永远不想给对手信心，"汉密尔顿说，"绝不能让对手重新觉得比赛有戏，不能让他们打出'小高潮'，因此我们需要有球员能将球送进篮筐。"

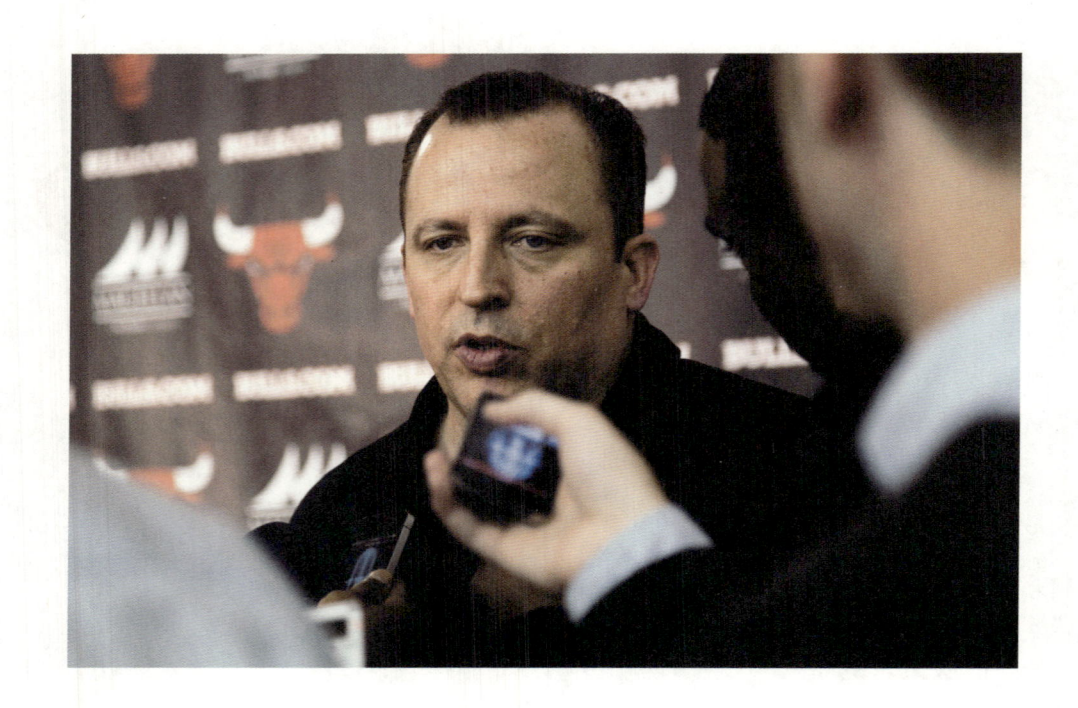

公牛队主教练锡伯杜接受记者的采访。

诺阿在提及往事时称锡伯杜就是最优秀的教练，也是一名斗士，他们的关系一直很好，自己对当时公牛队的主帅只有爱，但的确是伤病让那支公牛队偏离了正确的轨道。洛尔·邓也说："我不知道你们为何要质疑教练，这可是一场季后赛，你必须亲手终结比赛。即便你领先，你也至少得和对手再见3次面。德里克当时打得不错，我们希望他继续保持比赛节奏。"

时任76人队主帅道格·柯林斯也为对手主帅撑腰："首先要明确的一点是，锡伯杜是前一个赛季的年度最佳教练，"柯林斯说，"他知道该怎么执教球队。他是我的朋友，我对他抱有很大的敬意。从他的角度来看，他只是想要以他认可的方式来终结比赛罢了。德里克受伤令人难过，因为我总是想要和最强的对手对决。"

76人队主教练道格·柯林斯曾经执教过公牛队。

错过就是永远

不过，即便在公牛队内部，对锡伯杜的质疑也未曾停止。在该赛季常规赛中目睹了罗斯打打停停，公牛队老板杰里·莱因斯多夫在2012年2月表示，他有时也对罗斯是否该坚持比赛心存疑虑。

在接受ESPN驻芝加哥记者梅丽莎·伊萨克森采访时，莱因斯多夫曾说："有些人会边看比赛边想，为什么你们还不让罗斯休息？我也是其中之一。当年乔丹还是球员时，他也是在比赛末尾已大比分领先时还待在场上。我当时曾问过菲尔·杰克逊为什么不把他换下来，菲尔却说当年自己效力尼克斯队时，曾有一次被对手在比赛末尾连得23分反超。反正我说的话，菲尔是一句也听不进去。"

其实，自从3月12日受伤以来，罗斯就从未连续出战超过2场比赛。布泽尔谈到这个话题时，无比心疼罗斯。"简直是太难了，"布泽尔言语中流露出对锡伯杜的不满，"德里克简直是连松口气的机会都没有。我很同情他，他这个赛季真是一刻也不能歇。"失去罗斯，也让公牛队在首轮G1获胜后一片死寂。科沃尔直言："这是最令人难过的胜利。但不管怎样，我们得继续努力。本赛季我们打过多场没有德里克的比赛，或许这有助于我们备战。"

但科沃尔对形势的估计过于乐观了。没有罗斯的公牛队接下来连败3场。退无可退的公牛队在G5拼死一搏，夺回一胜，但也不过是"苟延残喘"罢了。最终，身为该赛季夺冠热门的公牛队，就这样令人遗憾地在首轮被76人队以4：2淘汰。这是NBA历史上第5次"黑八奇迹"，同时也被认为是最悲惨的一次。

罗斯这次重伤对联盟格局的影响是深远的。公牛队复兴的梦想被束之高阁，拥有"三巨头"的热火队借此避开了夺冠路上的一大劲敌，詹姆斯也就此开启了对东区长达8年的统治。

曾经，罗斯是詹姆斯在东区最强劲的对手之一，曾从詹姆斯那里"虎口夺食"，夺得了2010—2011赛季常规赛MVP。然而，MVP可夺，冠军奖杯却不可夺，詹姆斯将其牢牢掌握在手中，罗斯也只能徒唤奈何。或许多年后罗斯才明白，**有些人，有些事，一旦错过就是永远。**

罗斯受伤使得公牛队实力大损，最终被 76 人队淘汰出局。

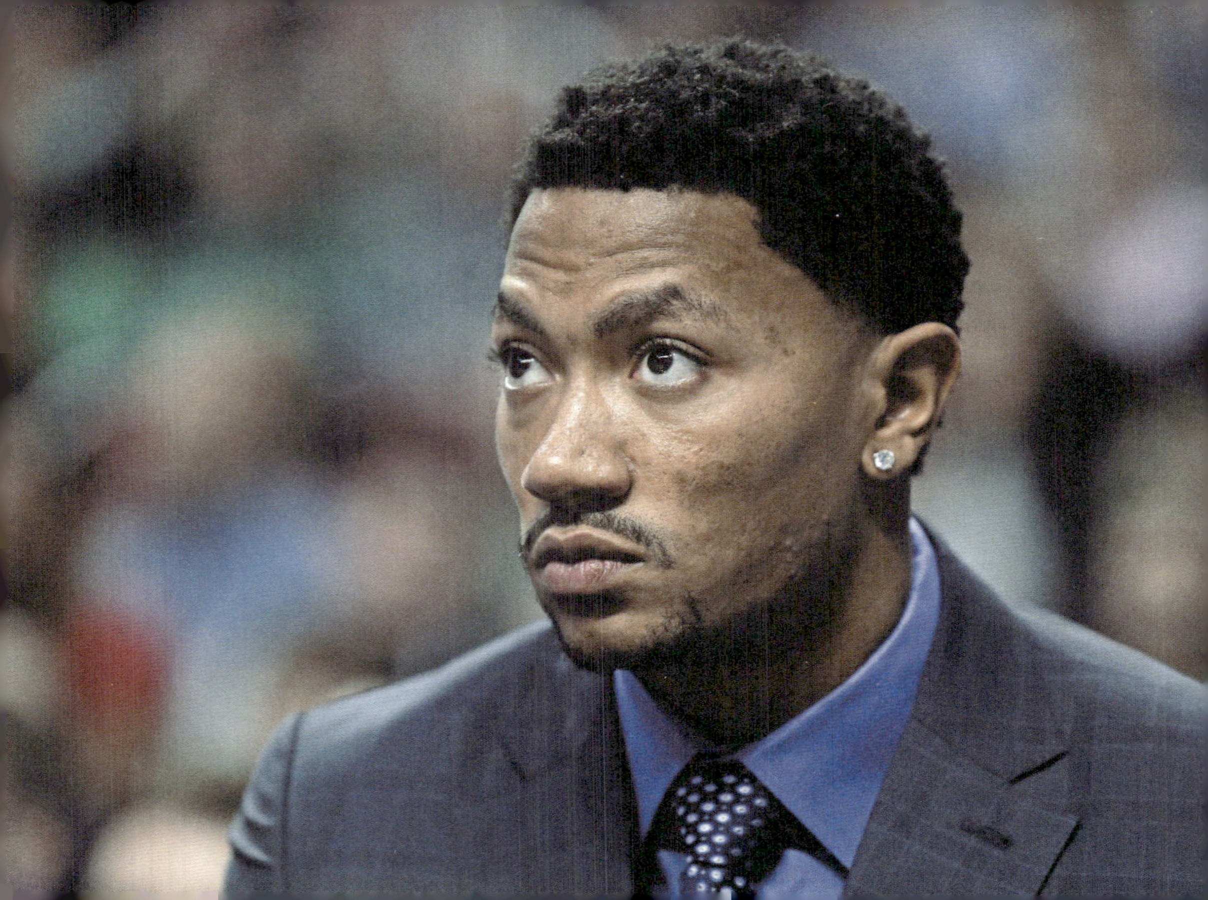

第六章·
风城之殇（下）
ROSE

第一节
复出还是等待

对于重伤的NBA球员而言，身体上的伤痛难以克服，心理上的障碍更难跨越。要想迈过心理这关，既需要自身强大，也需要身边人的理解。不过，在2012—2013赛季，围绕罗斯是否该复出一事，罗斯身边出现了不和谐的声音，他和公牛队的关系貌似也并非铁板一块。

心伤难愈

2012年5月12日，罗斯接受了手术，术后恢复期预计为8到12个月。到了2013年1月，罗斯已可以接受全对抗训练。到了3月，更传出了一则令芝加哥球

2012年9月13日，手术后的罗斯参加活动时掩面哭泣。

迷振奋的消息，医生为罗斯开了绿灯，认为他已痊愈，可以复出参赛，且不会轻易复发。

但罗斯的态度却令人玩味。在接受ESPN记者多丽丝·伯克采访时，罗斯坚称自己尚未100%恢复，仍没有足够的信心重新投入比赛。他承认的确过去数月都在进行全对抗训练，但外人不知的是，每次训练结束后，他的腿部肌肉都会出现"烧灼感"。

针对网上流出的他已能用左脚起跳扣篮的录像，罗斯回应称，录像是真的，但他用左腿起跳时并非那么自如。

罗斯的态度引起了争议。在人们的刻板印象中，一名重伤的球星在谈及恢复进度时，仅有两种意见可表达：一是恢复过程太无聊，迫不及待重返赛场；二是看着队友在场上厮杀却无能为力，感觉很难熬。大家总是乐于看到球星跃跃欲试、积极求战，却被球队死死摁住的场面，认为球星这么做才是"正确"的。

2013年2月28日，罗斯参加了公牛队的赛前训练。

因此，罗斯没有在医生点头后欢天喜地地复出，反而躲躲闪闪，令球迷十分不解。立刻有传言称，罗斯因复出一事和公牛队高层产生不快，甚至罗斯的二哥雷吉还跳出来，炮轰公牛队高层不负责任。

缺席的赛季

公牛队总经理加尔·福尔曼被迫出面予以澄清。在接受《芝加哥论坛报》采访时，福尔曼坚称，公牛队和罗斯之间不存在任何冲突，反而一直保持积极沟通。罗斯的伤情并未出现反复，每天都在变好，在复出日期上双方的想法是一致的。但福尔曼拒绝对医生许可罗斯复出一事做出回应。

公牛队主教练锡伯杜也在谈及罗斯复出日期时表示："等时机成熟了，德里克自然会复出。如今，我们队内还能参赛的球员要保持专注，好好备战，德里克也要专注于恢复。"

球迷们希望罗斯复出，是认为他的复出能给公牛队打一针强心剂，去挑战上届冠军热火队。但ESPN驻芝加哥记者迈克尔·威尔伯恩却劝罗斯三思，毕竟2012—2013赛季的热火队势头强劲，罗斯即便复出，也只能沦为热火队卫冕的背景板，与其这样，不如等"血槽满格"后再复出。他这一番话说到了罗斯的心坎上。

由此，直到2013年东区次轮公牛队1：4再次败给热火队，球迷们都没再看到罗斯的身影。

2012—2013赛季季后赛次轮，公牛队不敌热火队遭到淘汰，无法出场的罗斯只能在场下观战。

悲剧的前夜

罗斯的再度亮相被拖到了2013年季前赛。10月5日，在对阵步行者队的比赛中，他出战20分钟拿下13分，此时距他在2012年首轮告别赛场，已过去了17个月。11天后，罗斯伤后首次重返芝加哥，在对阵活塞队的比赛中得到22分。

赛后，罗斯略带欣喜地说："我觉得现在我的爆发力更强了，身体对抗能力也提升了一些。此外，我貌似也跳得更高了。他们曾测过我的垂直弹跳，真的高了5英寸。"

即便只是季前赛，但看到自己场均20.7分5.0次助攻的成绩单，罗斯仍有理由开心。10月29日揭幕战对阵热火队，是罗斯遭遇重伤后参加的首场常规赛，他15投4中（三分球7中1）得到12分4次助攻，失误5次。一切都证明，他仍需时间。

然而，10月31日，赛季第二场，主场对阵卡梅隆·安东尼领军的尼克斯队，罗斯尽管23投仅7中，却奉献了令人血脉偾张的一幕。

终场前11秒，泰森·钱德勒2罚1中，尼克斯队以81：80领先。罗斯持球从侧翼迅速杀至篮下，在钱德勒和雷蒙德·费尔顿跳起封堵前又迅速出手抛投，球应声入网，罗斯完成了"准绝杀"。费尔顿见状摊开双手，一脸无奈。随后，安东尼和钱德勒两次绝杀未果，公牛队笑到最后。赛后，罗斯兴奋地说：**"我就是需要这样的进球来重塑信心，这将是我生涯的又一座里程碑。"**

当时，没人会料到，22天后，罗斯的2013—2014赛季仍将以悲剧收场。

2013年11月1日，罗斯在公牛队对阵尼克斯队的比赛中突破上篮。

第二节
再度重伤

球星重伤后回到赛场，总要面对艰难的挑战，除了重拾昔日的状态，还得重新用精彩表现挽回球迷的心。2013—2014赛季初的罗斯就是如此。正因为此，他才会为区区季前赛的表现而无比欣喜；正因为此，他才会为一场常规赛的"准绝杀"而激动不已。但也正是在这个赛季，罗斯明白了何为"**心强命不强**"。

阴霾重现

在对阵尼克斯队的比赛中完成"准绝杀"后，公牛队连败给76人队和步行者队，但随后却打出了久违的5连胜。在此期间，罗斯表现起伏不定，还曾因腿筋疼痛缺席过一场比赛。该赛季前9场，他场均得到15.4分3.0个篮板4.4次助攻，总命中率35.9%，三分命中率33.3%。球迷明白，这不是罗斯的真实水平，昔日的MVP仍离他们有十万八千里。

但最终他们也没等来MVP归来的这一天。北京时间2013年11月23日，公牛队迎来"6连客"的第2场，同时也是"背靠背"的第2场，对手是开拓者队。刚从丹佛雪域高原上走下的罗斯来不及休整，就重新投入比赛中。如今，像罗斯这种情况的球员，大多会被球队安排轮休，何况前一场他还出战了33分钟，但在当时，公牛队并没有这方面的打算。

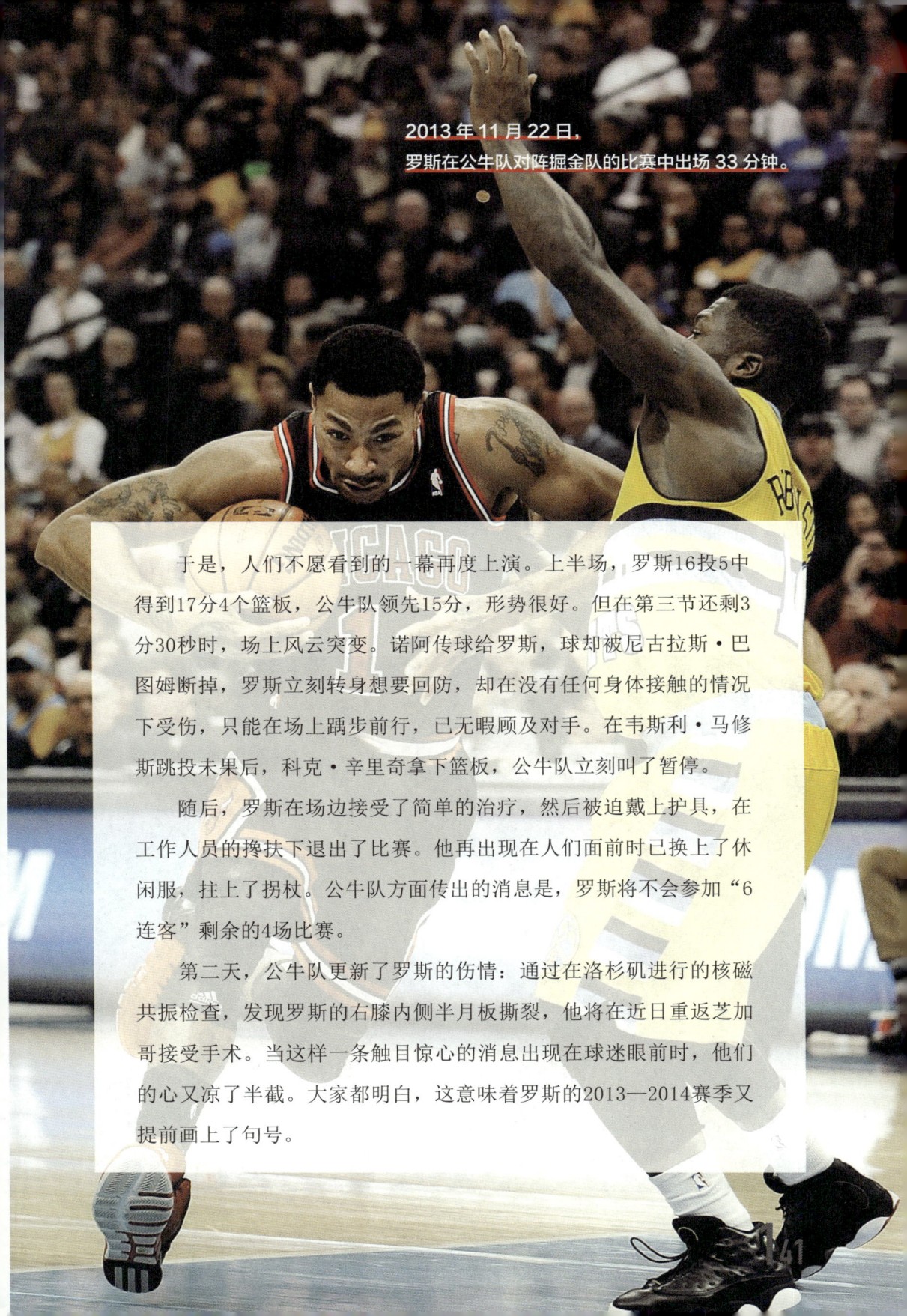

2013年11月22日，罗斯在公牛队对阵掘金队的比赛中出场33分钟。

　　于是，人们不愿看到的一幕再度上演。上半场，罗斯16投5中得到17分4个篮板，公牛队领先15分，形势很好。但在第三节还剩3分30秒时，场上风云突变。诺阿传球给罗斯，球却被尼古拉斯·巴图姆断掉，罗斯立刻转身想要回防，却在没有任何身体接触的情况下受伤，只能在场上踱步前行，已无暇顾及对手。在韦斯利·马修斯跳投未果后，科克·辛里奇拿下篮板，公牛队立刻叫了暂停。

　　随后，罗斯在场边接受了简单的治疗，然后被迫戴上护具，在工作人员的搀扶下退出了比赛。他再出现在人们面前时已换上了休闲服，挂上了拐杖。公牛队方面传出的消息是，罗斯将不会参加"6连客"剩余的4场比赛。

　　第二天，公牛队更新了罗斯的伤情：通过在洛杉矶进行的核磁共振检查，发现罗斯的右膝内侧半月板撕裂，他将在近日重返芝加哥接受手术。当这样一条触目惊心的消息出现在球迷眼前时，他们的心又凉了半截。大家都明白，这意味着罗斯的2013—2014赛季又提前画上了句号。

逃不出的深渊

本来，如果一切正常的话，罗斯将随公牛队在11月24日客场挑战快船队。当时效力于快船队的格里芬，在2012年7月随美国男篮备战奥运会时也曾膝盖内侧半月板撕裂。因此，谈到罗斯的伤情，他也感同身受："我为德里克而难过，"格里芬说，"你永远也不会想看到任何球员像这样倒下。曾经，我也经历过一连串的膝盖伤病，半月板也曾撕裂过。好消息是，据悉德里克这次受的伤并不像上一次那么严重。我会为他送上最诚挚的祝福。"

罗斯的这次受伤，也不由得令人心生狐疑：难道他就要从此沦为"玻璃人"了吗？毕竟，在短短一年半的时间内，罗斯的两个膝盖竟全部遭遇重伤，此前是左膝前交叉韧带撕裂，这回则轮到了右膝内侧半月板撕裂。

更令人无语的是，此前罗斯为了养伤足足花了一个赛季，表现出极大的

2013年11月23日，罗斯在公牛队对阵开拓者队的比赛中再次受伤。

耐心和谨慎。饶是如此,伤病仍没打算放过他。尽管两次受伤程度不一,但谁也拿不准,下次伤愈归来后罗斯又能坚持多久。当时,甚至已有人向公牛队提议交易罗斯。

事已至此,公牛队也只能硬着头皮继续上路。常规赛结束,公牛队以48胜34负位居东区第五,在季后赛首轮遭遇东区第四、由"黄金后场"约翰·沃尔和布拉德利·比尔领衔的奇才队。公牛队很快陷入了1:3落后的绝境,G5中也没能翻过身来,全场仅得到可怜的69分,命中率跌至33.3%,已是一副丢盔弃甲的模样。

罗斯的连续伤停,让公牛队再次失去了挑战东区王座的良机。2014年休赛期,率热火队冲击三连冠失利的詹姆斯重返克利夫兰,携手凯里·欧文和凯文·乐福,组建起了骑士队"三巨头"。眼看同处一个赛区的骑士队重新崛起,公牛队上下生起了一种"卧榻之侧竟有他人酣睡"的无可奈何感。

罗斯和公牛队还有重新来过的机会吗?

2013—2014赛季,缺少罗斯的公牛队遭遇季后赛一轮游。

第三节 玫瑰归来

罗斯未曾料到，在最美好的年华，他却被迫缠绵病榻，和伤病做无休止的斗争。他一次次倒下，又一次次站起；一次次拥有希望，又一次次亲手毁掉。鲁迅先生曾说：**"悲剧是将人生有价值的东西撕碎给人看。"** 罗斯撕碎的，不仅是自己，还有公牛队球迷热切的希望。

好汉三个帮

2014—2015赛季揭幕战，罗斯再次宣布："我回来了！"当天客战尼克斯队，他在麦迪逊广场花园球馆7投3中，罚球8中7，得到13分5次助攻2次抢断，公牛队以104∶80凯旋。

当然，该场罗斯并非公牛队最引人瞩目的球星，保罗·加索尔才是。2014年休赛期，公牛队向加索尔伸出橄榄枝，加索尔最终驾临"风之城"。

对此，加索尔曾说："我做出这个决定全凭直觉，我觉得芝加哥是最适合我的地方。这是一个艰巨的挑战，但我向来能将此转化为动力，对此我无比期待……科比曾希望我能留下，和他一起退役，这无比诱人。但我的内心深处却觉得，是该寻找新的刺激，转变航向，向着崭新的彼岸重新起航的时候了。"

加索尔还曾考虑过马刺队。为了劝说他加盟，诺阿行动了起来，罗斯也不像四年前招募詹姆斯时那样意兴阑珊，而是主动致电加索尔。和洛杉矶、芝加哥两

2014—2015赛季揭幕战,罗斯带领公牛队大胜尼克斯队。

地都颇有渊源的"禅师"菲尔·杰克逊,也给加索尔发了条短信:"你一定会爱上芝加哥。"

揭幕战,加索尔11投7中,罚球8中7,得到21分11个篮板,让"风之城"球迷大呼过瘾。

再创赛季新高

罗斯仍是打打停停。该赛季前13场,罗斯仅出战了5场,从未连续出战超

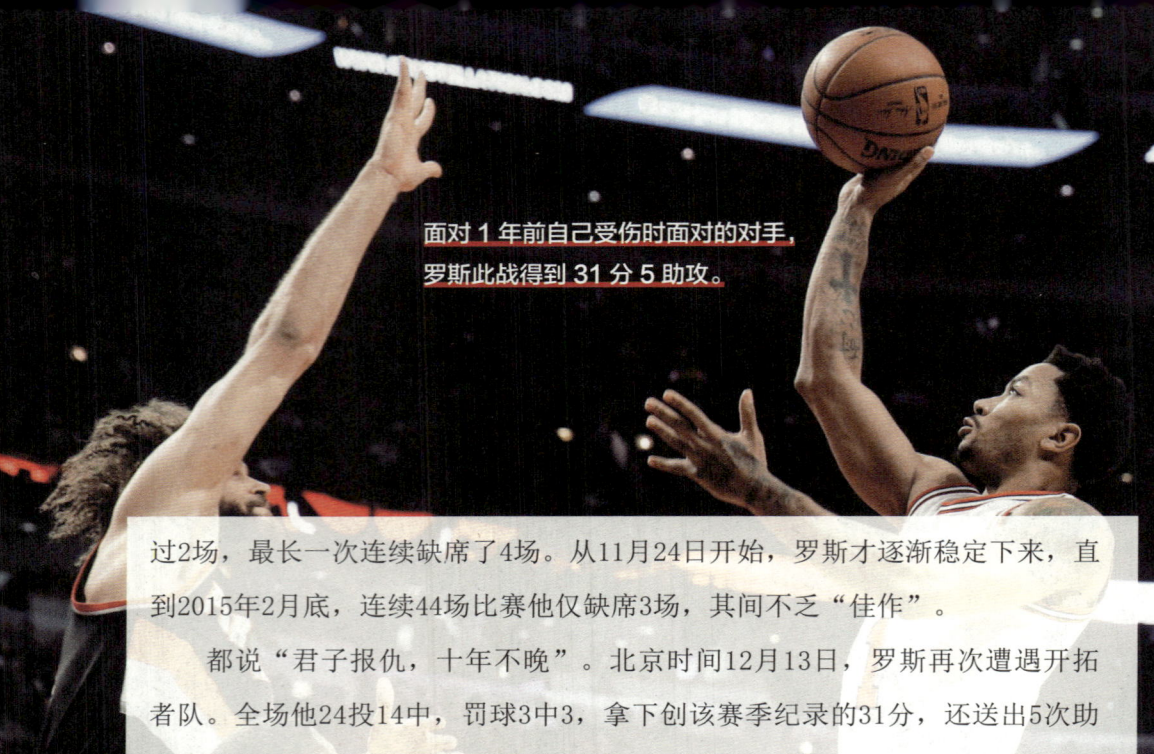

面对1年前自己受伤时面对的对手,罗斯此战得到31分5助攻。

过2场,最长一次连续缺席了4场。从11月24日开始,罗斯才逐渐稳定下来,直到2015年2月底,连续44场比赛他仅缺席3场,其间不乏"佳作"。

都说"君子报仇,十年不晚"。北京时间12月13日,罗斯再次遭遇开拓者队。全场他24投14中,罚球3中3,拿下创该赛季纪录的31分,还送出5次助攻,率队以115:106获胜,狠狠地出了口恶气。

从2015年1月12日到2月12日这一个月,罗斯让人依稀瞥见了他昔日的风采。16场比赛,他场均得到22.3分3.2个篮板5.4次助攻,总命中率43.8%,三分命中率34.7%。其间他曾有3场比赛得分30+,最值得铭记的是1月14日对阵奇才队这场。

当天在联合中心球馆,尽管公牛队以99:105告负,但罗斯却令芝加哥球迷一扫输球的郁闷。他22投12中,其中三分球9中6,罚球3中2,得到32分,再创赛季新高,还送出5次助攻。本场比赛,罗斯一开始就手感极佳,在首节9中7拿下17分,命中3记三分,包括一记从中场位置投出的超远三分,博得满堂彩。全场他命中6记三分,也刷新了赛季纪录。在他的带动下,公牛队上半场一度领先11分。

然而,罗斯的努力没有结出丰硕的果实。皮尔斯和沃尔合力拿下43分,奇才队投出高达51.3%的命中率,从客场凯旋。

赛后罗斯说:"这就是篮球,不可能要求尽善尽美。我们如今身处逆境,大家都已倾尽全力,只是一切没照我们所想的那样发展罢了。"

没有落幕的悲剧

2月12日，还是在联合中心球馆，罗斯终于击败强敌。他24投12中，罚球6中6，得到30分4个篮板7次助攻，率公牛队以113∶98大胜骑士队。该场乐福告假，詹姆斯和欧文联袂出场。不过，欧文18投仅6中，手感欠佳，詹姆斯尽管26投12中，拿下31分5个篮板4次助攻，但也出现了多达8次失误。

近年来，詹姆斯和罗斯的命运向着不同的方向行进。这是自2011年东部决赛后，罗斯首次真正意义上击败詹姆斯。2012年4月12日，公牛队曾在主场以96∶86战胜热火队，但该场詹姆斯拿下30分6个篮板5次助攻，罗斯13投1中仅得2分。

罗斯撒腿狂奔，但一种熟悉的感觉重新涌上心头，一个熟悉的敌人正悄悄靠近，令他不寒而栗。

罗斯在骑士队多名球员的防守下完成上篮。

第四节 第三次膝伤

看到2014—2015赛季前半程罗斯的表现渐入佳境，球迷们在欢欣鼓舞之际，心里也始终有一个挥之不去的阴影，一个声音在不停追问："这一次，应该不会了吧？"但在2015年2月下旬，所有球迷却发现，一切都是"外甥打灯笼——照旧（照舅）"。

膝伤猛于虎

2月23日，公牛队以87∶71战胜雄鹿队，拿下两连胜，以及近7场比赛中的第6场胜利。但罗斯的表现却显得格格不入：他全场13投仅1中，罚球6中5，仅得8分5个篮板8次助攻。而这也已经是罗斯最近3场比赛中第2次得分未上双。一种不祥的预感慢慢地涌上球迷心头。

球迷的担心最终成了现实。第二天，公牛队官方传出消息，罗斯右膝半月板撕裂，将接受手术。在当天早些时候就有报道称罗斯右膝疼痛，后来，罗斯接受了核磁共振检查，才终于确诊。

球迷不会忘记，这已是近年来罗斯第三次遭遇膝盖重伤了。2012年首轮G1，罗斯左膝前交叉韧带撕裂，缺席了2012—2013赛季整个季后赛；在2013—2014赛季将罗斯送上病榻的，是右膝半月板撕裂。尽管有报道称，第二次膝伤不如前一次那么严重，但其也导致了罗斯赛季报销。如今，一切宛如昨日重现，难道罗斯要连续3个赛季在和膝伤的斗争中败下阵来？

公牛队官方透露，罗斯这次会缺席多久将根据手术情况确定。据悉，公牛队高层和罗斯商议后一致决定，将采取修复受损的半月板的方案，而非直接摘除受损的部分，这样做有助于延长罗斯的职业生涯。

悲伤成河

罗斯频繁被伤病侵扰，也让怀疑和悲伤的情绪在公牛队阵中蔓延开来。大家都知道这两个半赛季罗斯经历了什么，以及他为重返赛场付出了多少努力。从2012年4月28日到2015年2月23日，连续3次受到严重膝伤的影响，罗斯仅出战了56场比赛，没有出战过一场季后赛，出勤率仅为25.3%。

公牛队高层私下里也不得不算一笔账。在这三个赛季中，公牛队总共要

右膝半月板撕裂让罗斯再次停下前进的脚步。

支付罗斯5280万美元的薪水，而球队从保险公司那里得到的赔付仅有大概1000万美元，仅占约18.9%。雪上加霜的是，由于罗斯此次受伤时，2014—2015赛季常规赛仅剩25场，该赛季公牛队将无法从保险公司那里得到任何赔付。

　　按规定，NBA球员如果旧伤复发，必须连续缺席常规赛达到41场，保险公司才会启动赔付程序。换句话说，不管罗斯能否在2014—2015赛季复出，该赛季剩余时间他的所有薪水都必须由公牛队自掏腰包支付，一分钱都不能少。

　　罗斯的第三次膝伤，对公牛队的争冠前景也产生了不可估量的影响。博彩公司Westgate SuperBook的统计结果显示，在罗斯受伤后，公牛队该赛季的夺冠赔率从8∶1骤降到20∶1。博彩公司William Hill的统计结果也显示，起初夺冠赔率仅次于勇士队的公牛队，在罗斯受伤后，夺冠赔率迅速下滑。与

罗斯再次受伤，
公牛队的争冠前景
也蒙上一层阴影。

之相应的，骑士队的夺冠赔率从3∶1升至5∶2，老鹰队的夺冠赔率也达到了5∶1，此前则是7∶1。

绝望与希望

NBA各界也纷纷对罗斯第三次膝伤表达了惋惜之情。曾3次动手术修复受损半月板的雷霆队球星拉塞尔·威斯布鲁克在接受*NBA TV*采访时直言："我简直无话可说。对于一位如此努力的球员而言，这真是太难了，他要一次一次又一次地经受这一切。"詹姆斯和乔治也相继在社交媒体上发文安慰罗斯。詹姆斯写道："我为德里克而难过，抬起你的头来，坚强起来！"乔治写道："太糟了，我要向德里克送上祝福。伤病反复令人痛恨，但就像此前那样，这绝不会让你就此消沉下去。"

罗斯在孟菲斯大学的恩师卡利帕里也勉励昔日的爱徒："听说德里克再次受伤我很难过。他经历了太多，本该得到更好的待遇。命运对这么一个好人竟如此不公。相信德里克会将此化为动力，我会每天为他祈祷。"

命运对罗斯是刻薄的，总是不肯将希望全部赠予他。或许正如鲁迅先生在《希望》中引用的裴多菲·山陀尔那句话：**"绝望之为虚妄，正与希望相同。"**希望和绝望同为虚妄，但面对无尽的暗夜，真的猛士仍举起了投枪。

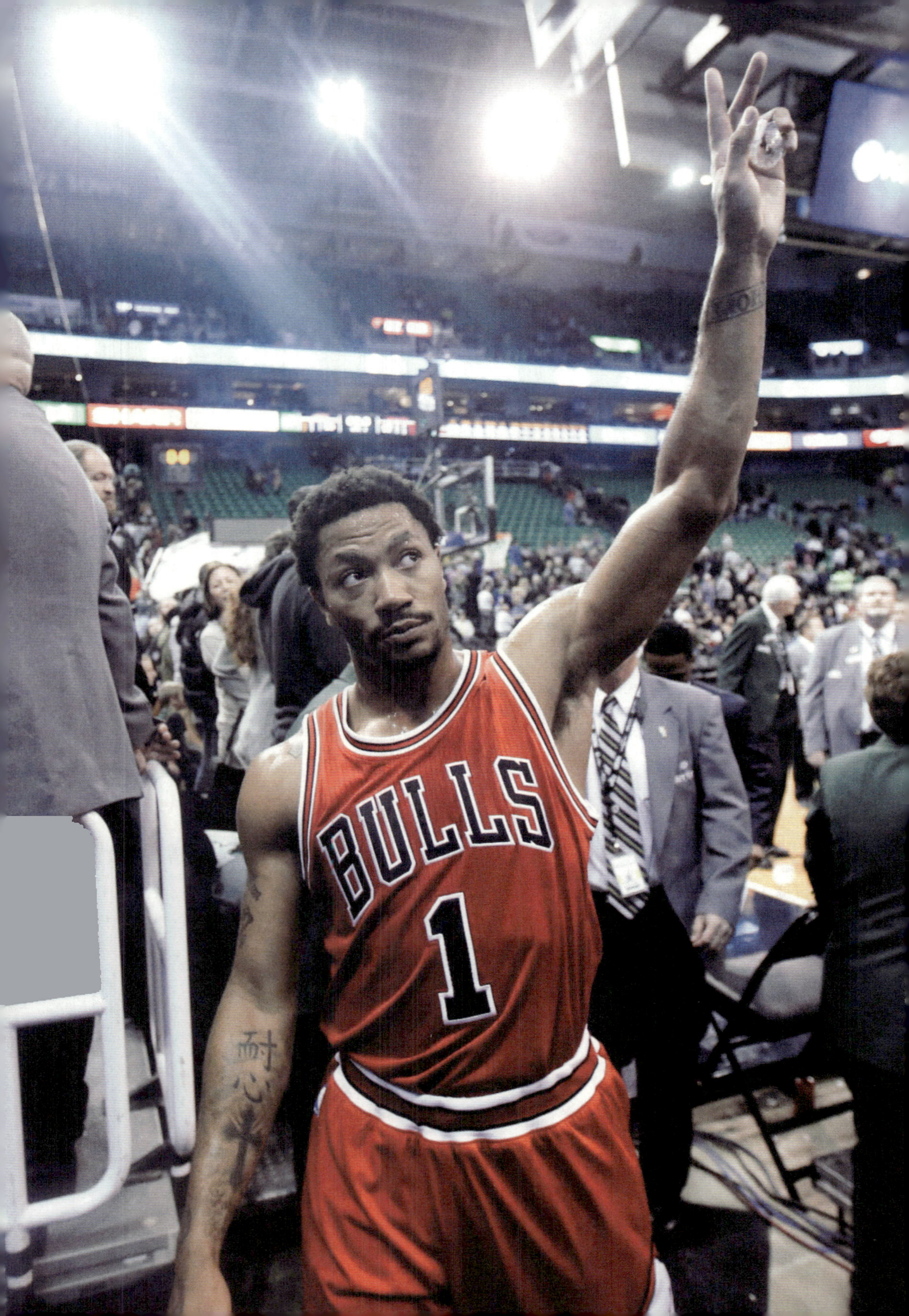
BULLS
1
耐心

第七章·
暗夜前行
ROSE

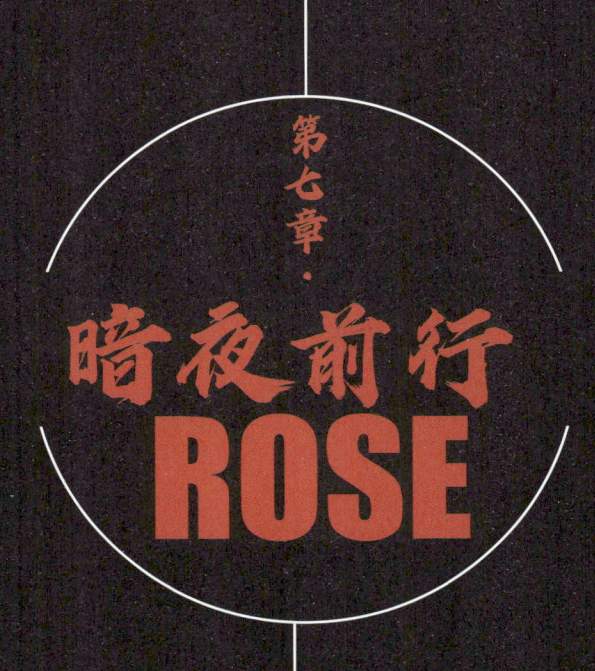

第一节
三次膝伤打不倒

再伤后浴血而归

三年内接受三次膝盖手术,左膝和右膝伤痕累累,再坚强的球员恐怕都会被击倒,担忧也笼罩着罗斯团队和公牛队。罗斯呢?他依然拒绝向命运低头。

2015年4月9日,在等待了44天后,罗斯再一次浴血而归。

复出后的他看起来和过去没什么不同,但比赛细节还是能体现出区别的。首战客场面对魔术队,罗斯出场19分钟9投3中,但其中6次出手来自外线(三分球6投1中)。在最喜欢的内线进攻上,罗斯只有一次贯穿全场的"一条龙"突破和一次突破后的急停中投让人印象深刻。全场比赛,罗斯只拿到9分2次助攻,却出现了4次失误。这样的复出首秀难言令人满意。从第三节还剩5分33秒时被换下,罗斯就一直在替补席上坐到比赛结束。

2015年4月9日,罗斯重返赛场参加公牛队对阵魔术队的比赛。

更受打击的是，公牛队整场苦苦拼杀，却在最后一刻被魔术队"准绝杀"。终场前6.5秒，魔术队后卫维克托·奥拉迪波持球单挑公牛队前锋吉米·巴特勒，通过一个向右的胯下变向，奥拉迪波轻松突破到公牛队篮下，在公牛队球员的封盖下完成上篮。魔术队以105∶103领先，只留给公牛队短短的1.5秒！这是罗斯最喜欢的得分方式，但现在，对手却在公牛队面前"以彼之道还施彼身"。随着公牛队发球失误，罗斯和公牛队被迫吞下失利的苦果。

随后公牛队连夜赶赴迈阿密，全力准备着和下一个对手热火队的比赛。罗斯的出场时间和状态都与上一场差别不大：20分钟里，罗斯15投5中，贡献12分2次助攻，出现3次失误；同样是在第三节还剩5分多钟时，他被替换下场，坐到比赛结束。不同的是，公牛队在第三节打出33∶8的"攻击波"后，一举扭转乾坤。第四节没有罗斯的公牛队，依然稳稳赢下比赛。

2015年4月10日，公牛队"背靠背"战胜热火队，罗斯在比赛中完成扣篮。

面对76人队走出心魔

复出后的前两场比赛,罗斯的命中率都只有33.3%,在攻防两端的贡献也都非常有限。昔日的常规赛MVP、联盟的"天选之子",还能回来吗?

4月12日对阵76人队,罗斯在复出后的第三场比赛里宣告王者回归,将前两场的低迷一扫而空。回到联合中心球馆,回到公牛队的主场,罗斯在全场22,273名观众山呼海啸般的欢呼中爆发。首节6投1中仍在找感觉的罗斯,在第二节找到状态。5分35秒,罗斯拉开空当单打,用一记急停中投为公牛队追到只差5分。再攻,好搭档诺阿的掩护帮助罗斯轻松杀到篮下,完成左手上篮。

连续两次得手之后,罗斯的状态和信心都明显提升。第三节,他在进攻和串联模式上随意切换。6分45秒,公牛队转换进攻,队友落位还没有落稳,罗斯就直接干拔投中三分,帮助公牛队反超3分,迫使对手叫了暂停。再次突破,他在空中拧着身子完成得分。串联上,他先后助攻尼古拉·米罗蒂奇和保罗·加索尔投篮得分。因为罗斯,公牛队悄然完成反超。

状态极佳的罗斯,也不再被提前雪藏。第四节的决战阶段,罗斯在最后6分43秒换下队友领命登场。登场一分钟后,罗斯就助攻米罗蒂奇投中三分,为公牛队拉开分差。最后四分半,罗斯更是一次次"接管"比赛。76人队追到只差2分时,是罗斯强行突破到篮下以一敌二完成换手上篮,不仅进球了,还制造对手犯规获得罚球。76人队迅速反攻,公牛队回到领先2分的局面,这个时候,还是罗斯拉开空当单打,还是惯用的突破,罗斯又一次加速强行突破到篮下左手上篮。他的速度并不快,但节奏和步幅却依然威胁性十足,突破也依然难以阻挡。这球打进,公牛队在最后3分51秒领先4分。

决定生死的最后两分半,罗斯继续"接管"比赛。在防守端抢断对手后,最后一分钟罗斯再次让76人队无可奈何。那一刻,罗斯弧顶持球,队友

再次伤愈复出的罗斯逐渐找回比赛状态。

右侧掩护,但罗斯捕捉到76人队左侧篮下有空当。假挡拆真突破,罗斯通过一个变向放弃队友的掩护向左突破。76人队显然也没有料到罗斯会这么选择,待其补防时罗斯已经进入三秒区,面对对手即将形成的包夹,罗斯转身抛投一气呵成,帮助公牛队以110:105领先,逼迫76人队再次暂停。暂停回来,76人队追分失利,罗斯助攻队友篮下打进,比赛就此失去悬念。114:107!公牛队拿下比赛。

这是一场普通的常规赛,但对罗斯来说却非比寻常。自2011—2012赛季季后赛首轮在76人队面前倒下、职业生涯首次遭遇重伤后,这是罗斯在三个赛季里第二次面对76人队(2012—2013赛季报销)。2013—2014赛季伤后首次对阵76人队,罗斯32分钟14投4中得到13分6次助攻,表现并不理想,8次失误和公牛队告负更让他备受打击。但这一次再战76人队,他不仅带队取胜,而且在76人队面前走出伤病的心魔。

几经伤病,罗斯每一次的倒下都让人心头一震。但每一次起身后,罗斯都依然能在"风城"芝加哥怒放。"杀不死我的,只会让我变得更强大。"这一次,罗斯也宣告**"玫瑰再度归来"**,一如既往。

第二节 重返季后赛

三年内的首次季后赛

常规赛最后两场连胜篮网队、老鹰队后，公牛队带着4连胜和东部第三的排名（50胜32负）在2014—2015赛季完美收官，连续7个赛季打进季后赛。

但对罗斯来说，季后赛却是久别重逢。自2012年季后赛首轮第一场就因伤倒下后，罗斯在赛季报销、复出、受伤、赛季报销的节奏中彷徨度过两个赛季。直到这个赛季，罗斯才重返季后赛。

4月19日，罗斯在等待1085天后迎来他三年内的第一次季后赛，对手是常规赛排名东部第六的雄鹿队。但于公牛队而言，这轮系列赛的难度并不大。

常规赛，公牛队和雄鹿队四次交锋三次取胜，拥有明显的心理优势。不同于之后的爆发，此时的雄鹿队还只是一支蛰伏中的球队。而且，比起拥有罗斯、巴特勒和加索尔的公牛队，雄鹿队是群龙无首。球队得分王布兰登·奈特在赛季中期被交易，球队新科榜眼秀贾巴里·帕克只出战25场比赛就因伤赛季报销，在雄鹿队挑大梁的是被"赶鸭子上架"的克里斯·米德尔顿、迈克尔·卡特-威廉姆斯，还有之后因违反禁药条例被禁赛的梅奥。"字母哥"扬尼斯·阿德托昆博该赛季才迎来NBA生涯的第二个赛季，这更是他进入NBA后第一次打进季后赛。此时，身材有些瘦弱的"字母哥"，还没有成长为日后那个统治力十足的"野兽"。

缺少罗斯的公牛队面对雄鹿队依然占据上风。

挺进东部半决赛

系列赛开打后，公牛队迅速掌控主动权。前两场比赛，公牛队很好地利用了主场优势。首场比赛，公牛队以103：91轻松取胜。48分钟的比赛时间，公牛队有40分33秒都在领先，罗斯16投9中，风轻云淡地拿到23分2次抢断和全场最高的7次助攻。

两天后的第二场比赛，公牛队以91：82再次取胜，总比分2：0领先。和第一场不同，这一场公牛队和雄鹿队各有21分钟领先，但决战时刻，罗斯连续助攻巴特勒完成得分，让经验不足的雄鹿队交足了学费。罗斯手感不佳14投仅4中，但他还是打出了15分7个篮板9次助攻的"准三双"，为公牛队做出贡献。

4月24日，双方在休息三天后展开第三场对决，比赛移师雄鹿队主场布拉德利中心。沉寂两场的"字母哥"取得25分12个篮板，雄鹿队5人得分上双。公牛队虽然领先31分，但在第四节最后时刻被雄鹿队连续追分反超。最后5秒，罗斯强攻制造"字母哥"犯规，2罚1中追平比分，艰难地带领公牛队进入加时赛，而且一打就是两个。巨大的体力消耗后，两队在加时赛的进攻无比滞涩，但罗斯在第二个加时赛独得6分，为公牛队抢占先机。113：106！公牛队第三场险胜雄鹿队，总比分3：0领先，手握赛点。罗斯全场得到34分5个篮板8次助攻3次抢断，再一次成为公牛队的头牌。

再休两天后，双方的第四场如约而至。公牛队急盼横扫晋级，但反而背上包袱，大部分时间都在落后。最后三分半，公牛队孤注一掷收到奇效，巴特勒投中三分球，罗斯内突外投得到5分，还助攻加索尔在最后38秒完成2+1，将比分追到90平。但**"成也罗斯，败也罗斯"**，他最后1秒的致命失误让公牛队付出惨痛的代价，雄鹿队暂停布置战术，利用罗斯的防守空当完成绝杀，将系列赛拖到第五场。

第五场转到公牛队主场进行，雄鹿队三军用命全场领先37分，第四节牢

2014—2015 赛季季后赛首轮，罗斯迎着雄鹿队球员防守完成高难度投篮。

牢将主动权握在自己手中，最终以94∶88获胜，系列赛首次从客场全身而退。这场比赛后，雄鹿队将总比分追到2∶3，延续着希望。

但连输两场的公牛队迅速做出调整。5月1日的系列赛第六场，公牛队没有再给雄鹿队机会，从开场领先到比赛结束，以120∶66狂胜雄鹿队，总比分4∶2晋级东部半决赛。首轮系列赛，罗斯场均贡献19.0分4.3个篮板6.5次助攻1.5次抢断，助攻全队第一，得分仅次于巴特勒。表现虽然谈不上统治力十足，但重返季后赛的罗斯，还是尽全力为公牛队做出贡献。

三个赛季里第二次闯进东部半决赛后，等待公牛队的将是强大的骑士队。面对熟悉的老对手，公牛队做好了准备，罗斯亦然。

2014-2015赛季季后赛首轮，罗斯帮助公牛队淘汰雄鹿队。

第三节 激战詹姆斯

再战老对手

又一次和公牛队站上东部半决赛的舞台,伫立在罗斯眼前的依然是熟悉的身影——勒布朗·詹姆斯。

这是公牛队六个赛季里第四次在季后赛面对詹姆斯。之前三次,公牛队全部落败。六年里,罗斯从如日中天的MVP变得伤病缠身,詹姆斯则在2014年夏天离开热火队重返骑士队,和欧文、乐福组成新的"三巨头",东部格局再被颠覆。

再次面对骑士队,公牛队似乎有些被动。常规赛,骑士队排名东部第二,力压东部第三的公牛队,拥有季后赛主场优势。但公牛队还是嗅到一丝机会。季后赛首轮,骑士队主力内线乐福手臂受伤赛季报销,这让骑士队实力大损,也让球队上下变得神经紧张。

罗斯和他的公牛队一直未能在季后赛中战胜詹姆斯所在的球队。

5月5日，公牛队和骑士队的东部半决赛正式开打。赛前，詹姆斯严阵以待："公牛队是一支有竞争力的球队。这已经是东部半决赛，从现在开始，比赛会变得更难，因此你一刻都放松不得。"但骑士队并没有做到。

首场比赛，客场作战的公牛队就在罗斯的带领下给了骑士队一记重拳。首节，公牛队一度领先14分。第二节，公牛队将分差扩大到16分。面对骑士队的追击，罗斯上半场贡献16分，为公牛队稳住局面。詹姆斯在第三节为骑士队追平比分，但罗斯带队打出15∶0的"攻击波"掌控了比赛。最终，公牛队以99∶92获胜，总比分1∶0领先。

罗斯拿到全队最高的25分，还贡献了5个篮板5次助攻，和拿到30分6次助攻的欧文相比不遑多让，也让詹姆斯19分15个篮板9次助攻的"准三双"成为徒劳。罗斯王者归来，队友巴特勒对他心悦诚服："德里克每一次的进攻选择都是正确的。"

2014—2015赛季东部半决赛，罗斯面对骑士队欧文和詹姆斯的防守。

2014—2015赛季东部半决赛第二场，在场下休息的罗斯面色沉重。

休息两天后，系列赛第二场在骑士队主场开打。詹姆斯赛前就放话："我们身处逆境，不能0∶2落后。"为此，他身先士卒。开赛前三个小时他就抵达球馆，比往常早来一个半小时。比赛开始后，他在首节就火力全开，拿到14分3次助攻，带领骑士队胜出20分，此后也没有再给公牛队机会，最终骑士队以106∶91大胜，将总比分追成1∶1平。统治力十足的詹姆斯拿到33分8个篮板5次助攻，罗斯20投6中，得到14分7个篮板10次助攻，但侵略性不如詹姆斯。再加上欧文21分3次助攻为骑士队锦上添花，公牛队只能接受失利。

赛后，罗斯也被詹姆斯的表现折服："作为球队的领袖，那就是你应该做的。他给队友们定下了基调。"

致敬乔丹的绝杀

双方重回同一起跑线，接下来的比赛也变得更加重要。5月9日，系列赛第三场移师公牛队主场，这一场的激烈程度也远胜前两场。48分钟里，两队19次交替领先、17次战平，领先的一方最多只领先8分。犬牙交错的拉锯战中，公牛队和骑士队不断抢占主动，前三节打完，公牛队74∶73只领先一分。

第四节，罗斯和詹姆斯对决。靠着连续的突破和罚球，罗斯独得14分2次助攻，和单节10分3次助攻的詹姆斯分庭抗礼。终场前24秒，比赛已经白热化，双方在最后11秒打成96平。时间走完8秒，公牛队依然没能找到机会，只能暂停，时间只剩下3秒。公牛队还能胜出吗？罗斯用行动终结了悬念。

最后3秒，公牛队边线发球，罗斯左侧底角接球未果后迅速向弧顶移动来接球，队友早就等待掩护，罗斯甩开对位者错位面对骑士队内线特里斯坦·汤普森。2秒，1秒，时间即将走完，罗斯顶着汤普森的封盖果断出手超远三分，球长距离飞行之后打板入网！公牛队以99∶96绝杀骑士队，总比分2∶1领先！ 联合中心球馆沸腾了，队友纷纷冲向罗斯，抱住他怒吼着、咆哮着庆祝胜利，完成绝杀、全场独得30分7个篮板7次助攻的罗斯却是一脸淡定，而他也让詹姆斯的27分8个篮板14次助攻和欧文的11分成为徒劳。

这是公牛队最近6个赛季面对詹姆斯首次拿到系列赛第二场的胜利。同时，这也是1998年迈克尔·乔丹在总决赛那记著名的"最后一投"之后，首次有公牛队球员在季后赛最后10秒投中制胜球。面对被公牛队球员称为"当代乔丹"的詹姆斯，几次遭遇重伤的罗斯这一场仿佛才是真正的乔丹，这一记伟大的绝杀球也是对乔丹最好的致敬！

2014—2015赛季东部半决赛第三场，罗斯的精彩绝杀让队友和主场球迷彻底疯狂。

你方唱罢我登场

但詹姆斯绝对不会善罢甘休，又是两天后，系列赛第四场在5月11日打响，比赛地点依然是公牛队主场。这一次，换作詹姆斯为骑士队逆天改命。

意欲3∶1拿到赛点的公牛队，在罗斯和巴特勒的联手带领下占据主动，第二节开始后不久，公牛队以37∶29领先。但骑士队突然发力，打出16∶0的"攻击波"反超比分。双方在下半场不断交替领先，直到决战时刻。

詹姆斯两罚都中，让骑士队在最后41秒领先5分。巴特勒的三分球帮助公牛队迅速追到只差2分。骑士队这个时候有些慌乱，连续底线发球未果后，只能连续请求暂停。好不容易发球成功，詹姆斯又出现进攻犯规。最后9秒，罗斯用招牌式的突破命中追平比分。詹姆斯冲击篮筐却被封盖，球权还在骑士队手中，但只剩下短短1.5秒，骑士队只剩下一丝喘息的机会。

公牛队看到争胜的希望，但詹姆斯拒绝重蹈覆辙。最后1.5秒，骑士队前场底线发球，詹姆斯没有尝试空中接力，而是直接中投。在接过队友的传球后，詹姆斯在巴特勒面前直接干拔。哨响灯亮，詹姆斯绝杀公牛队！总比分来到2：2，骑士队再次追平。罗斯苦苦拼杀41分钟，拿到31分4次助攻，但还是输给了詹姆斯。扭伤右脚的欧文坚持出战贡献14分，运动战10投2中。詹姆斯用25分14个篮板8次助攻2次盖帽的全能表现以及在最后时刻的绝杀完成救赎，弥补了8次失误和30投10中的遗憾。

最后一投，骑士队本来布置的战术是让詹姆斯发球，但他选择拒绝。"我告诉教练，把球给我，其他人拉开空当，要么我们打加时赛，要么我会为大家赢下比赛。"最终，詹姆斯没让骑士队失望，用绝杀回应了罗斯在第三场的三分绝杀。这样的绝杀，一如罗斯上一场的绝杀那样让对方心服口服，罗斯亦是如此："对于这样的绝杀你无能为力，他是一名如此出色的球员。"

轮番击败对手后，公牛队和骑士队在系列赛前四场总比分战成2：2，骑士队重新拥有季后赛主场优势。**公牛队还有机会吗？这一切只等着罗斯揭晓悬念。**

第四节 无力救主

"天王山之战"消失

2015年5月13日，公牛队和骑士队的东部半决赛第五场拉开大幕，比赛重回骑士队主场速贷球馆。只是在这场关键战中，罗斯没能再像前四场那么神勇。

对于这场"天王山之战"，双方都"虎视眈眈"，胜者将拿下赛点，也将把晋级的主动权握在手中。没有季后赛主场优势的公牛队，更加需要在客场放手一搏，球队上下渴望着能像系列赛首场比赛那样在客场全身而退。

比赛开始后，公牛队确实是更积极的一方，开场就打出8∶0的"攻击波"，一度以18∶8反客为主，罗斯连拿6分还送出一次助攻，在进攻端继续为公牛队输出火力。骑士队显然不会坐以待毙，扛住公牛队开场的猛攻后，骑士队在詹姆斯的带领下完成一波17∶6的进攻，反超比分，詹姆斯更是包揽了骑士队在第二节的前12分。在自己的地盘，骑士队拒绝像系列赛第一场那样提前"挖下大坑"。对公牛队不利的是，罗斯在一次和欧文的拼抢中意外倒地伤到右手，这也在很大程度上影响了他之后的手感，导致他首节贡献12分后消失不见。

系列赛前四场手感不佳的詹姆斯，这一场却如有神助。虽然在第四场扭伤脚踝，但争夺赛点的关键战，詹姆斯却和没事人一样。仅仅在上半场，詹姆斯就12投10中拿到24分，帮助骑士队54∶44领先10分。进入第三节后，骑士队依然占据主动，并在第三节结束时以80∶71领先。这一场，詹姆斯接受了赛前欧文对他的建议——"把我们扛在肩上"。比赛中，他一次次冲击篮下，一次次为骑士队拉开分差。公牛队在第三节结束时从后场投中超远三分，将分差缩

2014—2015赛季东部半决赛第五场，罗斯面对詹姆斯的防守完成上篮。

小到9分。

进入第四节，落后的公牛队雪上加霜，主力内线吉布森在和骑士队后卫马修·德拉维多瓦对抗时被吹罚二级恶意犯规，直接被驱逐出场。原本，主力中锋加索尔因为左腿筋拉伤连续缺席两场比赛，就已经让公牛队的内线风雨飘摇，现在吉布森又被驱逐，这对公牛队的内线来说是"屋漏偏逢连夜雨"。

但吉布森被驱逐，似乎激发了公牛队的斗志。邓利维和巴特勒连续投中三分球，罗斯跟跟跄跄中还是助攻巴特勒再次投中三分球，公牛队在最后1分18秒将比分追到99：101。然而，这次助攻也成为罗斯后三节为数不多的发挥。生死攸关之际，欧文三分球未投中，罗斯持球闪电般地快攻反击，可就在他出手的一瞬间，詹姆斯拍马赶到，单手把球扇出底线，拒绝罗斯最后时刻扳平比分，一如过去那样冷酷无情。生死23秒，詹姆斯转身跳投不中，但骑士队奋力抢到前场篮板让比赛失去悬念，时间一秒一秒流走，公牛队只能采取犯规战术，白白赔上罚球，为自己赢得最后的机会。但就在重获球权后，公牛队又出现致命失误，彻底宣告了比赛结束，骑士队以106∶101击败公牛队拿下"天王山之战"，总比分3∶2领先，收获赛点。

詹姆斯成为骑士队取胜的头号功臣，全场独得38分12个篮板6次助攻，季后赛第51场35+5+5的表演，追平迈克尔·乔丹的纪录。罗斯全场24投7中，只得到16分，后三节15投2中，只贡献4分，整个下半场他12投1中，只得到2分。全场9个篮板7次助攻的表现最终付诸东流。赛后谈到公牛队的反击时，罗斯说："我喜欢我们反击的方式，我们只是没有执行好。"最后时刻，"隐身"的罗斯并没有为公牛队做太多贡献。当詹姆斯和欧文都带伤爆发时，手部受伤的罗斯有些相形见绌。

强弩之末

输掉这场关键比赛后，徘徊在淘汰边缘的公牛队自信心明显下降。5月15日，虽然系列赛第六场来到公牛队主场，但此时的公牛队已是强弩之末。加索尔的艰难复出为公牛队带来些许帮助，罗斯一对一强行突破欧文左手上篮，帮助公牛队27∶22取得5分的领先优势。但骑士队随后连续进攻得分成功反超。

公牛队是完全有机会拿下比赛的，但他们并没有把握住。比赛第二节，欧文突破时不慎踩到队友特里斯坦·汤普森的脚导致左膝伤势加重，本就是带伤出战的欧文不得不退出比赛，而乐福在季后赛首轮就意外受伤赛季报销，如今骑士队"三巨头"只剩詹姆斯一人。但公牛队却让这大好的机会从指间溜走。欧文的替补德拉维多瓦趁势爆发，拿到季后赛生涯新高的19分，填补了空缺，骑士队内线汤普森在首节空中接力倒地险些受伤后，仍奋力贡献13分17

2014—2015赛季东部半决赛第六场，罗斯发挥不佳得到14分6助攻。

  个篮板，"多点开花"的骑士队为詹姆斯分担了压力，在第二节打出20∶4的"攻击波"后，骑士队一直保持两位数的领先优势，第四节更是一度领先多达27分。

  在这场"非生即死"的比赛里，背水一战的公牛队在首节得到31分后，后三节只得到42分，下半场更是只有29分进账，进攻完全"断电"，罗斯的全场16投7中、14分6次助攻显得杯水车薪。全队五人得分上双的骑士队，以94∶73大胜只有两人得分上双的公牛队，总比分4∶2晋级东部决赛，这也是骑士队自2008—2009赛季后首次打进东部决赛。

罗斯迎着骑士队伊曼·香珀特的防守完成投篮。

时代走向终结

罗斯再一次在季后赛输给詹姆斯，公牛队也在6个赛季里第4次输给詹姆斯所在的球队，21分的惨败更是公牛队在淘汰赛里遭遇的最惨主场失利。

整个系列赛，罗斯在面对骑士队的6场比赛里场均得到21.7分5.3个篮板6.5次助攻，得分和助攻都排名全队第一。与此同时，公牛队再次展现出强悍的防守，成功地将詹姆斯的命中率限制在只有39.9%。但最终，公牛队还是输掉了系列赛，成为被淘汰的一方。

连续两轮系列赛，罗斯证明遭遇重伤之后的他虽然能力已经不比巅峰时期，但在东部依然有一战之力，依然可以在一些比赛里改变比赛走势。只是公牛队对他还有足够的耐心吗？或者说公牛队对这套阵容还有足够的耐心吗？毕竟快27岁的他已经不算年轻，公牛队除巴特勒之外的主力也已经没有潜力可挖，而公牛队又一直期待着能走得更远，期待着能常年保持足够的竞争力。再次倒在东部半决赛后，公牛队的耐心似乎已经消耗殆尽。

看起来，在连续从东部突围受阻后，公牛队改朝换代变得不可避免。罗斯距离颠沛流离的生活，也不再遥远。

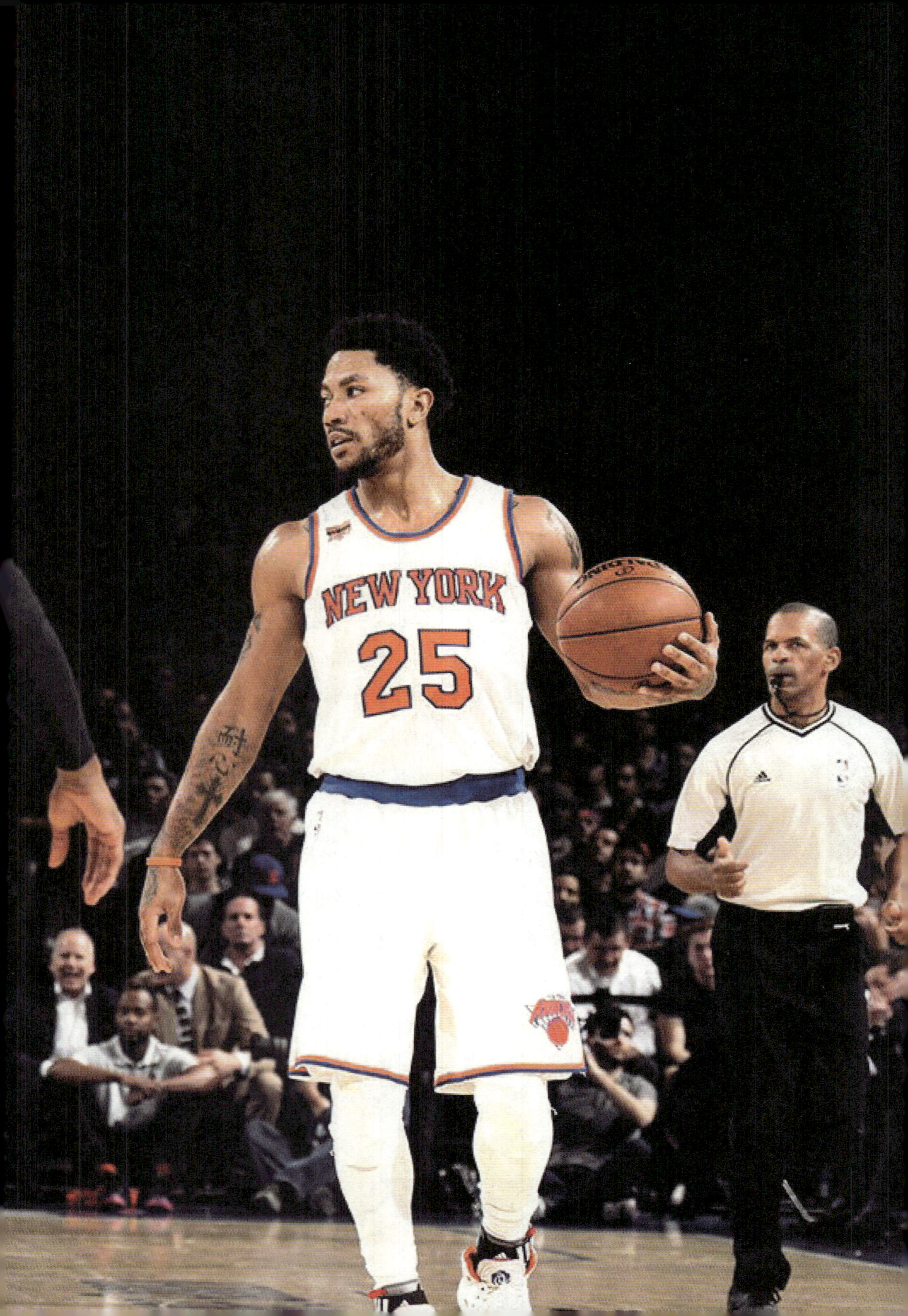
NEW YORK
25

第八章·
随风漂泊
ROSE

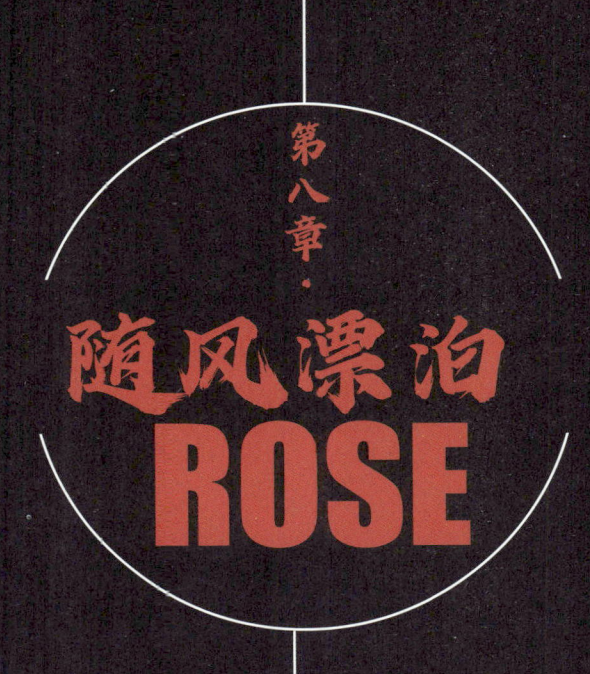

第一节
渐行渐远

公牛队换帅

在东部半决赛被骑士队淘汰后，尽管主帅锡伯杜还剩下为期两年、价值约1100万美元的合同，但早已与其生隙的公牛队依旧选择将他解雇。

正是在锡伯杜的执教下，罗斯成长为最年轻的常规赛MVP，虽然锡伯杜对他高强度的使用饱受诟病，但在锡伯杜的体系中，罗斯的重要性毋庸置疑。

与此同时，公牛队为刚刚获得当赛季进步最快球员奖的巴特勒送上了五年9500万美元的续约合同，在此之前，他拿到的仅仅是在2011年选秀时获得的四年新秀合同。在2014—2015赛季，巴特勒的数据从2013—2014赛季的场均13.1分4.9个篮板2.6次助攻暴涨至20.0分5.8个篮板3.3次助攻。

新帅弗雷德·霍伊博格对锡伯杜的战术进行了大刀阔斧的改革。巴特勒拥有了绝对的"开火权"，球队在进攻端更加依赖巴特勒和加索尔，然而在对罗斯的使用上，霍伊博格却始终找不到合适的"说明书"。

罗斯与在他养伤期间冉冉升起的巴特勒之间也曾被传出过矛盾，尽管两人都无数次地否认过，但在场上，两人是肉眼可见的不兼容。

这一年的公牛队在新帅霍伊博格的带领下，开局一度打得颇有起色，在揭幕战凭借着加索尔的封盖和巴特勒的抢断成功以97:95战胜了骑士队。在进入2016年时，球队战绩一度为22胜12负，高居东部第二，然而随后便迅速下

被骑士队淘汰出局后，
公牛队解雇了主教练锡伯杜。

2015—2016 赛季开始前，
罗斯和新任主帅霍伊博格拍摄定妆照。

滑，前半个赛季积攒的优势荡然无存。在争夺季后赛席位的关键时期，由于巴特勒受伤缺战长达一个月，公牛队的战绩更是成为东部前九名中最为糟糕的。最终球队以42胜40负的战绩结束了赛季，排名东部第九，连续7年进入季后赛的历史就此戛然而止。

在这个赛季，虽然罗斯出战了66场比赛，但场均16.4分3.4个篮板4.7次助攻的数据并不能让球迷与管理层感到满意。在赛季初，状态起伏不定的罗斯甚至有长达一个月、在11场比赛中得分未上20分。

直到北京时间12月19日，公牛队与活塞队上演了NBA历史上第11次"四加时大战"，罗斯才拿下34分，但最终巴特勒绝杀失败，公牛队遗憾地以144：147输掉了比赛。而随后的罗斯又是连续两场比赛得分不上双。

2015年12月19日，
罗斯面对活塞队艾森·伊尔亚索瓦的补防完成上篮。

尽管在巴特勒受伤之后，罗斯重新在进攻端找回了自己的位置，但在巴特勒缺战的11场比赛里，公牛队3胜8负，跌出东部前八，罗斯的奋力拼搏未能换回理想战绩。

关系破裂

场上的罗斯百般苦闷，而在场下，公牛队球迷也逐渐忘了，那个在新秀赛季光芒四射又意气风发的他，那个成为迈克尔·乔丹后公牛队首位全明星球员的他，那个带领公牛队获得常规赛冠军又成为历史上最年轻MVP的他，那个曾被乔丹寄予厚望、有望带领公牛队冲击6连冠的他，那个曾在2011—2012赛季力压詹姆斯、科比和当年横空出世的林书豪等人拿下球衣销售榜冠军的他。

他们只记得，在2011年续约以后连续经历了三次大伤、三个赛季只打了61场比赛的他，同时还领着五年9400万美元的高薪。

他们只记得曾在开赛前被预测能高居东部第二的公牛队哪怕最终胜率过半，也未能闯进季后赛；只记得调整了打法以后的罗斯，不再有美如画的变向与突破；只记得在崇尚三分与进攻的这个时代，罗斯的三分命中率仅为29.3%；他们只记得，在无数个溃败的夜晚，罗斯再也不能像以前一样以一己之力力挽狂澜。

在这个赛季，联盟发生了许多件大事。纳什退役、科比退役甚至在退役战拿下60分、库里全票当选MVP、骑士队在总决赛上演神奇逆转并为克利夫兰带来历史上第一个总冠军。也正是在这个赛季，1995—1996赛季公牛队常规赛72胜10负的纪录被勇士队打破。球迷们的失望可想而知。

上赛季东部半决赛带给球迷的感动早已烟消云散，罗斯已不再是这座城市的英雄。

2015—2016赛季，罗斯和公牛队的关系出现了裂缝。

第二节
告别风城

突然的电话

2016年6月,正在拍摄个人纪录片的罗斯接到了经纪人B.J.阿姆斯特朗的电话。

"我希望没什么事发生,这让我非常紧张。"说完这句话的罗斯离开了拍摄现场,电话那头的阿姆斯特朗告诉他:"你被交易到了纽约尼克斯队。"听闻消息的罗斯先是不敢相信,随后哽咽着流下了伤心的泪水。

这一切来得如此猝不及防却又仿佛理所当然。

迫切希望改变的公牛队终于还是做出了选择,用罗斯、贾斯汀·霍勒迪,以及2017年的次轮签从尼克斯队换来了罗宾·洛佩斯、杰里安·格兰特以及何塞·卡尔德隆。罗斯8年的公牛队生涯就此终结。

公牛队总经理加尔·福尔曼在交易后的声明里表达了对罗斯多年付出的感激之情:"我们会一直对德里克心存感激。他是一名伟大的队友,永远将胜利放在第一位,而在与伤病和失落做抗争方面,没有人比他更努力。在他的巅峰期,当他上场时,他的表现令所有人为之惊叹,他是历史上最年轻的MVP。祝德里克未来一切顺利。"

谈到罗斯这笔交易,公牛队总经理福尔曼在声明中说道:"我们的目标是让球队变得更年轻、更有实力,这笔交易让我们朝着那个方向前进。"而公牛队老板杰里·莱因斯多夫则表示:"现在是罗斯离开公牛队去别的球队打球的时候了,无论球队未来怎么样,这都是我们必须走的第一步。"

英雄离去

许多人劝罗斯这只是一门生意,就连公牛队名宿斯科蒂·皮蓬在谈到罗斯被交易到尼克斯队时,都表示:"我也从事这项运动很久了,没有什么是永不改变的。我认为球队做出了他们认为对未来最有利的决定。无论罗斯是否愿意承认,或许这个决定对他来说也是最好的。我认为这是双赢的,希望罗斯也能明白。这就是生意。"

但对于罗斯而言,芝加哥不只是一支球队而已。

他与哥哥们在芝加哥成长的一幕幕此刻闪现在眼前,从幼时对公牛队心生向往,到终于在选秀大会上圆梦,到能够成为这支球队的当家球星,他为这支球队付出了多少心血,岂是仅仅将其当作一门生意而已?

他想起了小时候,公牛队夺冠以后,所有人都上街庆祝,包括他的三个哥哥,而因为他还太小,母亲不许他出门。他只好坐在屋里,从窗户往外看,看到街上每个人都在庆祝,心里盼望着快点长大,好加入外面欢天喜地的人群。

他想起了自己在选秀前的忐忑,想起看到公牛队凭借着仅有1.7%的概率拿下状元签时他的渴望,想起在选秀大会上被喊出名字的那瞬间的如释重负与狂喜,想起那个斩获MVP的赛季,想起季后赛倒在骑士队脚下时心里的不甘,想起以自己名字命名的"罗斯条款"。

他也想到了自己的儿子PJ。PJ出生在2012年10月9日,正是他遭遇第一次大伤后的养伤康复时期。对于PJ,他倾注了自己全部的爱,他渴望自己能成为儿子的骄傲,渴望给予儿子自己未曾感受太多的父爱。

他想到了许许多多,他还想为这座城市带来荣光,但芝加哥已不再需要他。

那个曾以为会永远留在芝加哥、为家乡球队带来一座冠军奖杯的少年就这样带着满心伤痛离开了家。他曾是这座城市的英雄,但在离开时,那些功绩都显得无比苍白。

1 83

罗斯 公牛队生涯常规赛场均数据

赛季	2008—2009	2009—2010	2010—2011	2011—2012	2012—2013	2013—2014	2014—2015	2015—2016
出场	81	78	81	39	0	10	51	66
首发	80	78	81	39	0	10	51	66
场均时间	37.0	36.8	37.4	35.3	0.0	31.1	30.0	31.8
投篮命中率	47.5%	48.9%	44.5%	43.5%	0.0%	35.4%	40.5%	42.7%
场均命中	7.1	8.6	8.8	7.7	0.0	5.8	6.6	6.8
场均出手	14.9	17.6	19.7	17.8	0.0	16.4	16.4	15.9
三分命中率	22.2%	26.7%	33.2%	31.2%	0.0%	34.0%	28.0%	29.3%
场均三分命中	0.2	0.2	1.6	1.4	0.0	1.6	1.5	0.7
场均三分出手	0.9	0.8	4.8	4.4	0.0	4.7	5.3	2.3
罚球命中率	78.8%	76.6%	85.8%	81.2%	0.0%	84.4%	81.3%	79.3%
场均罚球命中	2.4	3.3	5.9	5.0	0.0	2.7	3.0	2.2
场均罚球出手	3.1	4.3	6.9	6.1	0.0	3.2	3.7	2.7
场均篮板	3.9	3.8	4.1	3.4	0.0	3.2	3.2	3.4
场均前场篮板	1.2	0.8	1.0	0.7	0.0	0.9	0.7	0.7
场均助攻	6.3	6.0	7.7	7.9	0.0	4.3	4.9	4.7

（续表）

赛季	2008—2009	2009—2010	2010—2011	2011—2012	2012—2013	2013—2014	2014—2015	2015—2016
场均抢断	0.8	0.7	1.0	0.9	0.0	0.5	0.7	0.7
场均盖帽	0.2	0.3	0.6	0.7	0.0	0.1	0.3	0.2
场均失误	2.5	2.8	3.4	3.1	0.0	3.4	3.2	2.7
场均犯规	1.5	1.2	1.7	1.3	0.0	1.5	1.2	1.3
场均得分	16.8	20.8	25.0	21.8	0.0	15.9	17.7	16.4
胜场	40	41	62	32	0	5	33	32
负场	41	37	19	7	0	5	18	34

第三节
再度报销

一团糟的尼克斯队

北京时间2016年11月5日，被交易后的罗斯首次回到芝加哥。在其后数次罗斯回归芝加哥的比赛里，公牛队球迷都为他送上了掌声与"MVP"的呐喊。芝加哥也曾为他再次立起广告牌，告诉他："**我们永远为你骄傲**"。

罗斯微笑着接受了这一切，他用自己的实际行动告诉所有人：玫瑰或许不再于"风城"绽放，但它绝不会就此凋零。

他说："芝加哥永远都是我的家，我永远不会离开它。"

带着不甘与期待，离开了家的罗斯来到了"大苹果城"。这个赛季的尼克斯队，除了拥有卡梅隆·安东尼、克里斯塔普斯·波尔津吉斯和罗斯，还拥有诺阿、考特尼·李、詹宁斯等实力派球员，阵容强大。已经连续三个赛季不曾进入季后赛的尼克斯队，渴望在这个赛季取得进步。

在新帅杰夫·霍纳塞克的带领下，尼克斯队在圣诞节前取得了16胜13负的战绩，但随着时任尼克斯队总裁"禅师"菲尔·杰克逊对球队战术理念的频频插手，队内矛盾冲突不断，更衣室内人心浮动。最终尼克斯队仅仅拿到了31胜51负的战绩，再次无缘季后赛。

罗斯对此备感失望，他说："我不在乎我的个人数据，事实上我来到了一支新的球队，有一个巨大的机会摆在我面前，我想做出一些成绩来。但如今看

2016年11月5日，尼克斯队客场挑战公牛队，罗斯面对昔日队友突破上篮。

来，事情变得一团糟。"

以完全健康的姿态来到尼克斯队的他这个赛季出战并首发了64场，场均上场时间（32.5分钟）和场均得分（18.0分）都创造了2011—2012赛季以来的新高，但球队的混乱快速消磨着他对篮球的热情。他后来回忆道，在尼克斯队打球时找不到乐趣，2017年1月时他甚至萌生了退役的念头，离队了几天，被家人劝说之后才重返球队。

他不知道的是，更大的打击还在后面。

第四次膝伤

2017年4月3日，尼克斯队官方确认，罗斯因左膝半月板撕裂赛季报销。他将接受左膝关节镜手术，预计完全康复需要6到8周。

此时罗斯还没到29岁，正处于一名后卫的黄金年龄，然而这已经是他生涯第四次遭遇严重膝伤。

见证他这一个赛季逐渐找回自我的队友都相信他能健康归来，而罗斯也希望自己能留在尼克斯队，后来的罗斯回忆说："当时，我和团队在等待尼克斯队方面的信息，但我们没有收到任何通知。所以，我们大概知道球队在寻找其他的后卫。而且，尼克斯队还在选秀大会上签下了一名控卫。从那以后，我知道球队和我已经走上不同的道路。讲实话，我当时很想留在尼克斯队。尽管我们上个赛季输多赢少，但我很喜欢那座城市、那里的球迷以及那里的一切。而且管理层也发生了变动，菲尔最后走人了。如果能待在那儿，我会很开心。"

但他又一次失望了。

已经送走了"禅师"和安东尼的尼克斯队决意重建。此前球队在2017年选秀大会上以8号顺位选择的是曾获得2016年U18欧洲篮球锦标赛冠军和MVP荣誉的19岁控卫弗朗克·尼利基纳。

虽然罗斯表达了希望留队的态度，但尼克斯队没有给他一份合同。

第四节
联手詹姆斯

为了总冠军

　　同样在这个休赛期，欧文向骑士队申请交易离队，他最终被送到了凯尔特人队，与以赛亚·托尔斯（小托马斯）互换东家。小托马斯的臀部伤势使得骑士队的后卫线上出现了空缺，在他回归前的首发控卫位置打动了罗斯。抱着对总冠军的期待以及不愿辜负那些仍在爱着自己的球迷的心情，罗斯再一次选择了重新出发。他以一份一年210万美元的底薪合同加盟骑士队。然而就在他签约后不久，骑士队又宣布以老将底薪合同签下韦德，球队后面的混乱就此埋下伏笔。

　　与老对手詹姆斯的联手，让罗斯遭遇了不少嘲讽，但对于罗斯而言，这是他证明自己的唯一办法。正如他许久以后提及这段岁月时说的那样："那时我只是想要重返联盟，为此，我不得不和我对抗了四五年的一支球队（骑士队）签下合同，还和我对抗了四五年的勒布朗·詹姆斯一起打球。这超级尴尬，但那是我回来的唯一办法。"

　　在骑士队之初，一切似乎都在向好的方向发展，他重新披上了自己熟悉的1号球衣，改变了自己的发型，为了减少对膝盖的压力，他还减重13磅（1磅=0.454千克），让自己的打法变得更轻巧和灵活。

　　然而就在10月21日对阵雄鹿队的比赛里，在终场前10分12秒，突破上篮的罗斯遭到了雄鹿队中锋格雷格·门罗一个类似锁喉动作的严重犯规，失去平

面对暂时的主力位置和冲击总冠军的诱惑，罗斯选择了和骑士队签约。

衡重重摔倒在地的他扭伤了自己的脚踝，显得极为痛苦，而裁判回看录像后，仅判了门罗一个普通犯规。

罗斯对此非常不满，他说："我认为我是这个联盟里唯一被这样犯规后，裁判都不吹对手恶意犯规的人，我的脚踝很久都没出现问题了，我已经不再戴着护具了。"

在受伤后，罗斯休战了四场比赛又重返赛场，但没过多久，伤病的反复使他不得不再次休战，这一次的伤病虽然没有前几次严重，但它带给罗斯的心理打击却是巨大的。连续不断的伤病与不稳定的状态让罗斯变得无比沮丧，他回忆起休赛期的苦练，他把自己的身体状态调至最佳，宁愿以底薪加盟骑士队，就是希望能在特殊的时刻，加入特殊的球队，做些特殊的事情，但伤病却像附骨之疽，绝不肯轻易放过他。

他萌生了退役的念头，于是向骑士队提出了离队申请，他需要好好想一想，自己的篮球生涯是否还能继续。

这个消息震动了全联盟。没有人愿意相信，更没有人愿意看到，许多人都公开喊话罗斯，希望他不要做这个决定。就像利拉德所说的那样："他这几年一直遭遇伤病，希望他身边的人能让他保持积极的心态，并鼓励他坚持下去！他的油箱还没有见底！我希望他越来越好。"

艰难的抉择

罗斯回到了自己的家中，在家人的陪伴下，自我厌弃的他终于能够冷静下来好好考虑自己的未来。他想到了许多，过往的辉煌与苦难都历历在目，他问自己：**真要就此告别赛场吗？**

正是在骑士队的这次退役风波让罗斯想清楚了，他不想放弃对篮球的热爱，也不想停下对梦想的追逐，更想为自己的儿子做一个好的榜样。他说：

身披骑士队球衣的罗斯突破上篮。

罗斯和儿子 PJ 一起参加活动。

"他是我继续打球的唯一动力。我从小就没有父亲,所以我的母亲充当了这一角色,我希望能成为儿子的榜样。"

所以他不想成为逃兵,他想以身作则,让儿子不仅以曾经的他为荣,更以现在这个饱经磨难却依然不肯低头的他为荣。

有人质疑他是为了与阿迪达斯的8000万美元的代言合同才选择归队,这遭到了罗斯的强烈反驳,他说:"不要怪我粗鲁,我根本不在乎关于钱的事情。我已经存够了钱,不是关于钱。如果我想离开,我就会离开。就像我所说的,回到这里,开始康复,这是我的第一步。我在这里是为了球队,我在这里是为了赢球,这就是我回来的原因之一。"

带着责任感和对篮球的爱与不甘,罗斯选择了回归。骑士队给予了他一份信任,他绝不想就这样轻易放弃打球的机会,他相信自己仍能为球队做出贡献。

但说出"如果他们需要毛巾,我可以做那个递毛巾的人,没关系的,无论怎样都行"的他绝不会想到,这个赛季的磨难远没到结束的时候。

混乱的骑士队

小托马斯复出之后的球权与状态、J.R.史密斯的首发位置、韦德和罗斯的上场时间等问题让球队内部一片混乱,更衣室矛盾最终爆发,主帅泰伦·卢和老将乐福、韦德、小托马斯、J.R.史密斯等人全都卷入了这场内战之中。战绩不佳、球员之间互相指责,整个球队压抑的气氛一眼便知。

球队内部划分成了新老派系,管理层对于更衣室早已失去了把控。每一天都有各种各样的爆料,描述着球队内部的混乱。

不仅是新老球员之间不和,昔日的好兄弟也反目成仇。在与马刺队的比赛中,乐福在与拉马库斯·阿尔德里奇争抢篮板时倒地,他向杰·克劳德伸出手希望被拉起，但克劳德却无视了乐福，并直接跨过他。J. R. 史密斯和小托马斯也看见了乐福，但没有人上前去拉起他。

而在与火箭队的比赛中，小托马斯也同样遭遇了这一幕。他突破过掉克林特·卡佩拉，然后面对杰拉德·格林的补防完成上篮。旁边的特里斯坦·汤普森和韦德也同样无视他的摔倒，反而是在三分线外的罗斯跑过来将他扶起。

尽管不曾站队任何一方，但身在其中的罗斯并不好受。为了肃清球队纪律，骑士队选择将所有夏天新加盟的球员全都交易出去。在2018年2月9日与国王队、爵士队的三方交易中，罗斯被送到了爵士队。爵士队随即便宣布将他裁掉，让他去加盟一支可以打季后赛的球队。

短短两年时间，罗斯数易东家，他已经有7年没打过一个完整的赛季了。一次次的受伤与失望让他深感命运的无常与个人的无力。他挣扎着接受了自己不再是首发球员，却又受困于球队的混乱无法离冠军梦想再进一步。

经历过坎坷的两个赛季后，就算罗斯选择放弃也并不会有人苛责他，但罗斯还不想就此放弃。哪怕在被骑士队交易后，他依旧通过经纪人表示："罗斯其实不抱怨骑士队交易，本人的状态确实有下滑。能为球队做贡献他很满足，等待下一站。"

他依旧相信自己，经过风吹雨打的玫瑰或许曾在风中摇摆，但依旧坚挺着，不肯凋零。

又仅代表骑士队出场16次，罗斯就被交易到了爵士队。

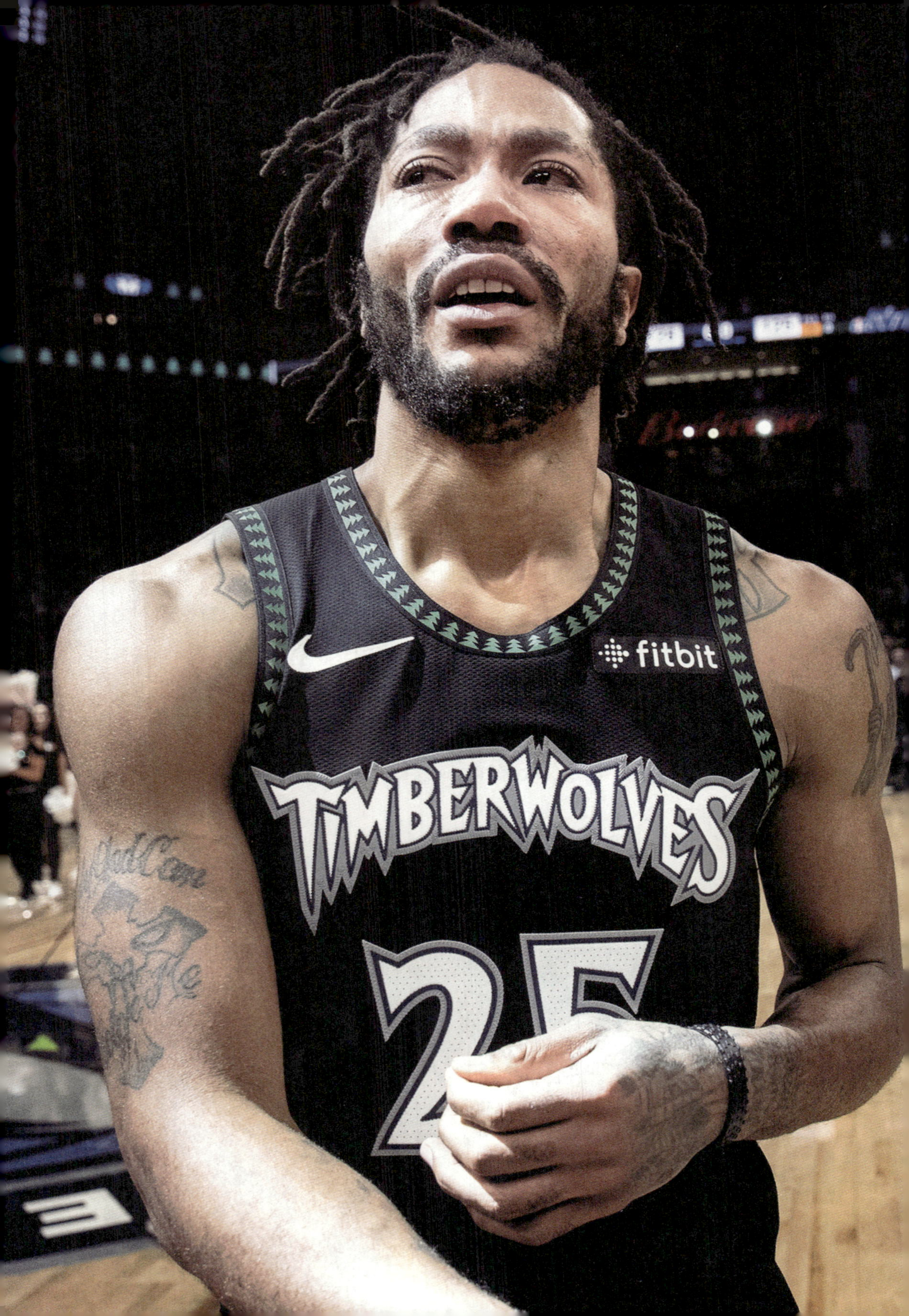
fitbit
TIMBERWOLVES
25

第九章·
不说凋零
ROSE

第一节 转战明尼苏达

与恩师重逢

2月11日罗斯被爵士队裁掉以后，球迷们等待了将近一个月的时间，才等来罗斯下家的消息。在这一个月里，罗斯曾与奇才队、快船队等多支球队传出"绯闻"，但他最终选择了与森林狼队签约至赛季结束。

这支森林狼队让不少公牛队球迷都顿生熟悉之感，除了主帅是原来公牛队的主帅汤姆·锡伯杜之外，还有吉米·巴特勒、泰·吉布森、贾马尔·克劳福德和阿隆·布鲁克斯这四名公牛队旧将在。

罗斯与锡伯杜的重聚让不少球迷都心情复杂。在此之前，巴特勒在对阵火箭队的比赛中右膝半月板撕裂，不得不因接受半月板修复手术而休战。受伤离场前，他已经出战了25分钟，这个赛季他场均出场时间高达37.1分钟，高居联盟第二。

这让不少球迷仿佛噩梦重现。尽管他们对锡伯杜的高强度用人心有余悸，但不可否认的是，锡伯杜对罗斯的使用有他的独到之处。就像罗斯说的那样："到目前为止我认为他（锡伯杜）是最好的教练，我仍有许多能量，谁知道他能否激活我的一些潜力呢？我无须证明任何事情。我会用我的努力说明一切。"

在巴特勒受伤之前，森林狼队一度打得极其强硬，场均能得到109.6分，排名联盟第六；进攻效率111.2，排在联盟第三；24.9%的进攻篮板率，位居联

2017—2018赛季收官战,森林狼队战胜掘金队,最终排名西部第八晋级季后赛。

盟第四;而进攻篮板带来的每场14.2分的二次进攻得分,则居于联盟第三。从森林狼队排名联盟第三的场均抢断(8.7次)和联盟第四的场均利用失误得分(18.1分),你可以看出这支球队在防守端的侵略性。这一切与当年的公牛队又何其相似。

用表现赢得肯定

巴特勒的受伤让这支球队困难重重,在签下罗斯之时,森林狼队排名西部第六,接连输给了季后赛席位的竞争对手开拓者队和爵士队,只领先西部第九名的掘金队2.5个胜场。球队接下来的15场比赛赛程极为艰苦，除了季后赛席位的直接竞争对手之外，还要面对东部强队。

最终，森林狼队在常规赛最后一场比赛中战胜了直接竞争对手掘金队，惊险地以西部第八的身份进入季后赛。罗斯出战了9场比赛，表现中规中矩，这几场比赛里，罗斯的上场时间都不长，球迷们担心的再次被过度使用的问题并没有出现。而在森林狼队站稳了脚跟的罗斯，状态也逐步回升。

进入季后赛后，那支当赛季取得65胜17负、获得常规赛冠军的火箭队，和火力全开、荣膺当赛季常规赛MVP的詹姆斯·哈登逼出了我们熟悉的罗斯。尽管森林狼队最终以1∶4被淘汰，但在这5场比赛中均以替补身份上场的罗斯表现可圈可点，突破、中投、拉杆全都有，5场比赛分别拿到了16分、9分、17分、17分、12分，甚至在第四场比赛以替补身份上场高达32分钟。

在卡尔-安东尼·唐斯、安德鲁·威金斯和巴特勒都遭到火箭队严防死守的情况下，罗斯成为森林狼队的奇兵，他的突破也成为森林狼队得分的关键。

在双方对决的首场比赛里，火箭队其他队员表现不佳，完全凭借哈登一人的大显神威才始终占据微弱优势。而与他对战的罗斯也毫不逊色，持续投进关键中投，在三节结束时就拿到了16分，是森林狼队当时得分最高的球员。

在森林狼队扳回一城的第三场比赛里，罗斯表现更加出色，仅仅上场21分钟就拿到了17分。这场比赛，也是森林狼队14年来的第一场季后赛胜利。森林狼队上一次在季后赛取胜，还是2004年对阵湖人队的西部决赛第五战，当时球队的核心还是加内特、萨姆·卡塞尔和拉特里尔·斯普雷维尔。

整个系列赛，罗斯的在场正负值为+1，是森林狼队仅有的两位正负值为正数的球员之一，另一位则是泰厄斯·琼斯，但琼斯出场总时间甚至不到罗斯的一半。

可以说，正是在对阵火箭队时的精彩表现，让森林狼队决定留下罗斯。

2018年夏天，罗斯以为期一年的底薪合同与森林狼队续约。

罗斯凭借出色的表现赢得了森林狼队的续约合同。

第二节 50分之夜

森林狼队首次首发

北京时间2018年11月1日，森林狼队迎战爵士队，赛前没有人看好森林狼队能捍卫主场。

休赛期就向森林狼队递交了交易申请的巴特勒本场比赛因"全身酸痛"轮休，杰夫·蒂格则因膝伤缺战，唐斯直到赛前才确定会上场。而对手爵士队赛季初表现抢眼，在多诺万·米切尔与鲁迪·戈贝尔的带领下取得4胜2负。

在这种情况下，罗斯迎来了自己在森林狼队的首次首发。

本场比赛之前，森林狼队仅取得3胜4负，但罗斯的表现让人眼前一亮，在森林狼队以136：140惜败给独行侠队的比赛中，同样是在巴特勒缺阵的情况下，罗斯登场32分钟拿到28分5个篮板5次助攻。

没有人想过，罗斯还能带来更大的惊喜。

比赛开始，在第一记两分"打铁"后，罗斯接连命中一记三分和一记两分，然后助攻吉布森命中。紧接着，他又造成戈贝尔犯规打成2+1，并在随后再次造成戈贝尔犯规两罚命中。森林狼队的前12分全都与罗斯有关。许多人从这时就已经嗅到了不寻常的气息。

首节比赛，在威金斯和唐斯全都手感不佳的情况下，罗斯单节就得到13分，抢断、篮板、助攻样样有。主场的气氛已经逐渐燥热，在罗斯进攻时，现场已经零星响起了"MVP"的呐喊声。罗斯的出色表现帮助森林狼队以32：25

2018年11月1日，罗斯首发出战对阵爵士队的比赛。

领先爵士队。

　　进入次节比赛，威金斯与唐斯恢复状态，罗斯在第二节中段被换上场，在森林狼队陷入得分荒之时，是他打破僵局。这节比赛，他命中一记罚球一记两分，共拿到3分，森林狼队半场结束时以65∶56仍旧领先于爵士队。

　　第三节比赛，罗斯延续了首节的炙热手感，先是连拿7分，接着在爵士队"多点开花"的情况下一人独得10分，在他和唐斯的极力支撑下，三节战罢，森林狼队以101∶96仍旧领先于爵士队。

　　三节比赛结束，罗斯已经拿到了35分，此时的标靶中心球馆近乎沸腾。

　　第四节比赛一开始，森林狼队陷入了得分荒，爵士队趁机将比分反超。而第四节刚开始不久，罗斯在一次上篮被犯规后，后脑勺撞到了队友的膝盖

罗斯出色的发挥帮助森林狼队保持领先优势。

上,他痛苦地抱着脑袋的样子让许多球迷都紧张地祈祷着,好在罗斯并无大碍,又重新回到了场上。

在双方陷入胶着状态之际,还是罗斯站了出来,当他在外线命中三分帮助球队扳平比分且超越了自己常规赛生涯最高分42分时,森林狼队主场沸腾了。

比赛最后30秒,罗斯持球强攻,在篮下命中高难度两分,帮助森林狼队以125:123取得领先。戈贝尔"打铁",里基·卢比奥赶紧对唐斯犯规,唐斯二罚一中,森林狼队以126:123领先。

丹特·艾克萨姆快速命中两分,乔·英格尔斯对罗斯犯规,罗斯两罚全中。克劳德和英格尔斯的三分接连"打铁",艾克萨姆再次尝试三分出手却被罗斯封盖！唐斯抢下防守篮板，比赛就此终结！森林狼队以128∶125主场险胜爵士队。

而罗斯的数据定格在出场41分钟，31投19中，三分线外7中4，罚球11中8，拿下全场最高的50分，外加4个篮板6次助攻1次抢断1次盖帽。

当终场哨声响起时，场内场外和电视机前的许多球迷都像罗斯一样眼含热泪，就连该场比赛的两位解说员都忍不住数度哽咽。标靶中心球馆将近两万名观众无一人离场，无论是森林狼队球迷还是爵士队球迷，全都发自内心地为他庆贺，现场响起如雷般的掌声。在掌声和队友的簇拥中，罗斯再也忍不住，当场落泪，用毛巾捂着脸失声痛哭。

玫瑰再次绽放

在此之前，罗斯的常规赛单场最高得分是42分，他两次创造这一纪录全都发生在获得MVP的2010—2011赛季。他首次拿下42分是在2011年2月17日公牛队主场战胜马刺队的比赛中，当时他面对的是正值巅峰的马刺队"GDP组合"，但初生牛犊不怕虎的罗斯打出了极高的效率，并且凭借着自己出色的发挥，率领公牛队几乎全场都压着马刺队，哪怕"GDP组合"联手拿到56分也不得不吞下失利的苦果。

随后，在3月18日公牛队客场对战步行者队的比赛中，罗斯再次拿下42分，可惜公牛队以108∶115输掉了比赛。

一晃2785天，在30岁27天这天，罗斯成为NBA历史上所有拿过MVP的球员中首次拿下50分时年龄最大的球员。然而其中的曲折与辛酸，绝不仅仅是简单几个数字就能概括的。当他数次遭遇足以毁灭职业生涯的伤病时，没有人想过有一天他还能再次成为主宰比赛的英雄；当他几度被交易、已经接受了自己成为替补的命运时，没有人想过有一天他会重回首发阵容打出这样一场酣畅淋漓、精彩绝伦的比赛。

全场比赛，罗斯共完成了34次突破，是2016—2017赛季以来联盟最多的一次，在三分与投射盛行的年代，曾遭遇过多次大伤的罗斯还能一次次顶着对手扭曲身体上篮，更让人感动不已。

赛后，当被问及本场得分创生涯新高的意义是什么，以及拿到50分的感受如何时，罗斯含泪表示："50分对我来说意味着一切，如果没有不停的训练、没有森林狼队这支球队、没有球迷的支持，我无法取得这样的成绩。"

"我把心都掏出来了，"罗斯说，"队友们告诉我去打出属于我的比赛，今天这场比赛不错。"

见证罗斯这几个赛季的球迷最懂他所言非虚，他曾饱经挫折，但他始终相信自己，只要能上场，他就会付出100%的努力。

正如韦德所说："世界上每个篮球迷都应该为罗斯感到高兴！这就是一个永不言弃的例子，当你一直相信自己，美好的事情就会发生。罗斯得到50分，我太高兴了，笑得像是自己得了50分一样！恭喜罗斯！"

也正如詹姆斯所说："他是NBA历史上最年轻的MVP，他一次次地和伤病做斗争，无论外界对他如何评价，他都努力重回赛场。很多人在说他的坏话，告诉他应该做什么，不应该做什么。他多么喜欢打篮球！这就是他想做的一切。即使超级英雄曾被击倒，他仍然是一个超级英雄。德里克的表现是难以置信的，他用努力证明了自己依旧是一名超级英雄。"

花有重开日，人有再少年。**经历过风刀霜剑苦相逼的"风城玫瑰"终于再次绽放。**

单场得到 50 分，赛后罗斯自己也抑制不住激动的情绪。

第三节 新的挑战

加盟活塞队

在罗斯拿下50分后不久，巴特勒与森林狼队的闹剧也正式宣告完结。森林狼队与76人队达成了交易，除了巴特勒，76人队还得到了贾斯廷·巴顿，森林狼队则得到了杰里·贝勒斯、罗伯特·科温顿、达里奥·沙里奇和一个2022年的次轮签。

罗斯在2018—2019赛季一共出战51场比赛，其中首发13场。整个赛季罗斯的表现可圈可点，他场均上场时间只有27.3分钟，却能拿到18.0分2.7个篮板4.3次助攻，有24场得分20+，其中还有4场得分30+。可以说，在2018—2019赛季，罗斯是森林狼队内表现最好的球员。

对于帮助自己重生的森林狼队，罗斯充满感激，哪怕在球队解雇他的恩师锡伯杜之后，罗斯也曾公开表示过留在球队的愿望。然而，事与愿违。

合同到期的罗斯再一次进入自由球员市场，凭借着过去一年的出色表现，他收到了多支球队伸出的橄榄枝。这一次，罗斯选择了底特律活塞队，双方签下了两年1500万美元的合同。

时间倒退回两个赛季之前，没有人看好罗斯能重新拿到千万级别的合同，但他通过自己的顽强不屈，证明了只要让他站在赛场之上，他就依然能成为球队的中坚力量。

活塞队对罗斯展露出了足够的诚意与尊重，球队高管表示："虽然罗斯将担任雷吉·杰克逊的替补，但当球队有需要时他也完全可以顶上首发，他完全有这个能力，他正常发挥就能帮助我们成长，帮助到队内的年轻球员。"

正是这份尊重打动了罗斯。

来到活塞队以后，罗斯迅速展现出自己的经验与担当，在活塞队遭遇"伤病潮"、主力控卫雷吉·杰克逊因腰伤频繁缺战的情况下，罗斯挑起了重担。

2018—2019赛季表现出色的活塞队三人组，在这个赛季都遭遇了不同程度的困境。格里芬再次接受左膝清创手术赛季报销；安德烈·德拉蒙德尽管篮板数据依然亮眼但进攻乏力，于是球队痛下决心将其送至骑士队，换回了布兰登·奈特、约翰·亨森和一个2023年的次轮签；而雷吉·杰克逊的腰伤反复发作使得球队在2月选择将他的合同买断。

从替补到核心

兜兜转转间，罗斯成为球队最值得信赖的球员。从整个赛季来看，由于

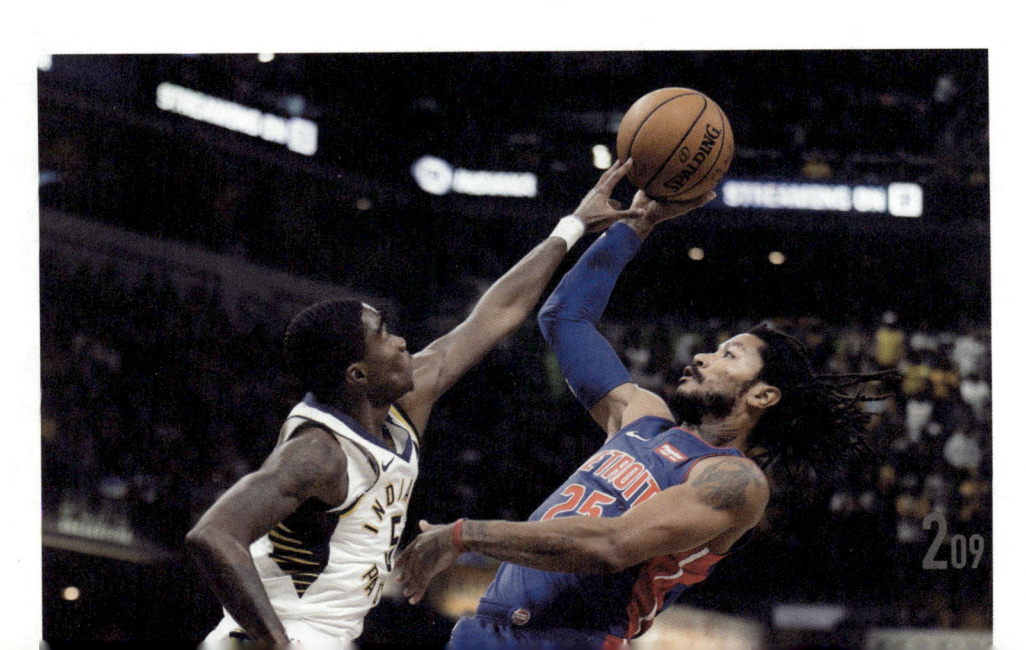

罗斯在活塞队对阵步行者队的比赛中完成抛投。

队内伤病频发，无人可用的活塞队围绕着罗斯布置了大量战术，罗斯的出手权和战术地位相比上赛季得到显著的提升，他成为活塞队当之无愧的球队领袖。

虽然场均出场时间只有26.0分钟，但他场均能拿到18.0分，投篮命中率49.0%也是生涯最高，这还是在他三分球命中率只有30.6%的情况下达成的。

他的投篮出手大多集中在篮下和近距离这两块拿手区域。在活塞队的这个赛季，他篮下场均出手4.5次命中3.0个球，篮下出手相比上赛季增加了0.7%，篮下命中率来到生涯第二高的67.0%，近距离场均出手相比上赛季增长1.2次，命中率则为生涯新高的46.0%。

在防守端，罗斯场均可以贡献0.8次抢断和0.3次盖帽，胜利贡献值也从2018—2019赛季的0.3提升到了0.7。除此之外，场均5.6次助攻更是他从2011—2012赛季以来的新高。能攻能防还能串联全队，可以说，在活塞队的这个赛季，罗斯打出了自2011—2012赛季受伤以来的最佳表现。

尽管活塞队最终只拿到20胜46负，但所有人都清楚地意识到，那个最年轻的MVP，他涅槃重生了。

重回纽约城

无缘季后赛的活塞队进入休赛期后动作不断：在选秀大会上先后选中基利安·海斯、以赛亚·斯图尔特、萨迪克·贝和萨宾·李四名新秀，其中7号秀海斯更被看作球队重建的核心；放弃续约上赛季发挥出色的克里斯蒂安·伍德，给出三年6000万美元的合同签下"锋线摇摆人"杰里米·格兰特；随后又接连签下梅森·普拉姆利、贾利尔·奥卡福和约什·杰克逊，参与三方交易得到"双能卫"德朗·莱特。

网罗大量内线球员的一系列操作让媒体和球迷直呼看不懂，甚至还有其他球队的高管匿名表示，活塞队休赛期的操作是全联盟最烂的。对于罗斯而言,这一切都已无所谓,只要能够有稳定的出场时间开开心心地打球,他愿意接受球队的一切安排!

随着2020—2021赛季的大幕拉开,活塞队不出意外地成为东部战绩最差的球队之一。对于目标是彻底重建的活塞队来说,合同即将到期的罗斯成为优质筹码,而罗斯也凭借过去两个赛季的稳定表现赢得了多支争冠球队的兴趣。

就在2月8日,关于罗斯的交易尘埃落定,为了补强薄弱的后卫线,尼克斯队送出丹尼斯·史密斯和一个2021年的次轮签——"玫瑰"重回纽约城!

在锡伯杜的调教下,尼克斯队在2020—2021赛季展现出了过去没有的精神风貌,冲击季后赛成为现实的目标。相比于加盟一支争冠球队,为了冠军牺牲部分出场机会,罗斯选择到昔日恩师锡伯杜麾下效力,在曾经战斗过的地方重新书写自己的篇章。

身穿4号球衣的罗斯在尼克斯队对阵火箭队的比赛中盯防梅森·琼斯。

锡伯杜对于罗斯来说始终是不同的。他职业生涯的大半时间都在锡伯杜的麾下打球，包括他最辉煌的时刻——拿到MVP的那个赛季，还有他的低潮时刻。锡伯杜始终是最懂他的教练，而他是锡伯杜忠实的信徒。

所以当罗斯重返尼克斯队的时候，许多人认为这是一场纯粹的人情交易，因为这笔交易在纸面上不合逻辑——尼克斯队已经有了一名年轻的后卫，伊曼纽尔·奎克利在替补席上表现得非常好，虽然还是一名新秀，但已经早早证实了自己拥有命中关键三分球的能力。为什么要引入罗斯这么一位饱受伤病折磨、从巅峰滑落多年的老将呢？

然而，罗斯证明了他自己的价值。他或许失去了从前的爆发力，但他能调整自己的球风，融入新的球队之中。来到尼克斯队之后，他迅速成为球队的超级第六人，前10场比赛他有7场得分上双。从2021年4月10日到2021年4月25日，在尼克斯队冲击季后赛的关键时刻，罗斯帮助球队斩获9连胜。那9场比赛罗斯全部得分上双，麦迪逊广场花园球馆的球迷迅速爱上了这位昔日的天之骄子，他也成为球队板凳席上不可或缺的火力点。

赛季尾声，罗斯的状态越发出色，战胜洛杉矶快船队的比赛中，他拿到25分，追平了自己在该赛季的最高得分纪录。两天之后迎战洛杉矶湖人队，罗斯又拿到27分，刷新赛季得分纪录。最终尼克斯队顺利地进军季后赛，罗斯时隔三年再度回到季后赛的舞台，这也是他离开明尼苏达森林狼队之后，第一次进军季后赛。

尽管最终尼克斯队输给了后来闯入东部决赛的亚特兰大老鹰队，但罗斯的表现堪称惊艳。他虽然前两场都替补出场，但上场时间均超过了37分钟，锡伯杜仍然无比相信和依赖自己的爱徒。

系列赛的后三场，锡伯杜更是将罗斯提到了首发的位置。罗斯上一次担任季后赛首发球员还得追溯到2015年，那时他还是芝加哥公牛队的宠儿。

罗斯没有辜负锡伯杜的信任，他在系列赛第三场贡献了30分6个篮板5次助攻，表现全面，他振臂怒吼的画面让人不胜唏嘘。阔别季后赛已久的他，丝毫没有怯场，仿佛他天生就是这个舞台上的主角。

收获颇丰但也略有遗憾地告别2020—2021赛季，罗斯继续留在尼克斯队征战2021—2022赛季。这一次伤病又找上了门——2021年12月16日，在对阵休斯敦火箭队的比赛中，罗斯仅出战12分钟便因脚踝伤势离场，随后不久他便接受了手术。不承想，对阵火箭队的那场比赛，成了他在2021—2022赛季的最后一场比赛。

手术之后的罗斯迟迟未能复出，2022年2月他再度接受手术，修复自己的右脚脚踝。面对质疑声，罗斯彰显着自己的强硬："我做手术是为了以更好的状态回归。质疑者会觉得我怎么又做手术了，我的生涯可能要结束了吧。这些人真搞笑，这绝不是我的终点。"

失去了罗斯的尼克斯队，也彻底丢掉了主心骨。2021—2022赛季球队全然没了上个赛季的势头，早早地告别了季后赛席位争夺战，再度沦为东部"鱼腩球队"。

第四节 生涯终点

枯坐替补席

在休赛期的时候，锡伯杜要求罗斯减至他职业生涯最低的体重，但罗斯减重付出的努力并未在比赛和数据中得到回报。他的得分效率降低，他在场上的作用也逐渐趋近于一名普通的替补球员，到了12月初的时候，他尊敬的恩师、他最信任的人锡伯杜恳切地对他说，球队想给迈尔斯·麦克布赖德一个机会。锡伯杜说球队现在的防守不太好，而麦克布赖德的防守是队里这几名后卫里面最有潜力的。

罗斯没有抗议，他顺从地接受了恩师的决定。

在那之后，尼克斯队获得了9连胜，而罗斯在这期间一共只上场了1次，那一场比赛是客场对阵芝加哥公牛队。当时尼克斯队的比分已经大幅领先，比赛进入垃圾时间，锡伯杜问罗斯是否愿意上场打几分钟，罗斯同意了。他开始在场边热身，而本来正在离场的主场观众停了下来，他们知道罗斯会上场，他们愿意为了他继续观看这场注定的败局。

当罗斯进入场内的那一刻，芝加哥联合中心球馆的球迷蹦了起来，他们喊着："MVP！MVP！"如同从前一样。这么多年过去，即使他年华老去，即使他已经站在对手的位置，即使大部分的时间他只能在替补席上枯坐，他依然是"风城"最钟爱的那朵玫瑰。

芝加哥永远爱他，遗憾的是，罗斯已经不相信永远。几个小时以前，锡伯杜在赛前发布会上将罗斯称为"未来的名人堂球员",但罗斯对此不置可否。在赛后被记者包围的时候,罗斯向媒体抛回了这样一个问题:"你们能说出任何一个著名角斗士的名字吗?"

现场一片沉寂。

罗斯笑了笑:"所以你们看,在200年或者300年后,没有人会记得现在发生的一切。"他说:"对我而言,我非常感谢这项运动带给我的一切,知识、智慧、爱和金钱,我得到了这么多,我能实现的愿望更多。而我总觉得,我在篮球以外想要做的事情将要比我在篮球上的成就更重要。"

但罗斯暂时还不想放弃篮球,因为他仍有爱,也因为他还有能力。"我并不打算跟任何一个年轻人抢位置,"他说,"但我现在完全健康,我仍有余力为球队奉献自己的力量。"然而,在赛季接下来的时间里,他一共只出场了5次。他安坐在板凳席的末端,成为货真价实的"饮水机看守者"。"这是一种新的体验,"他承认,"我从未想过自己会处在这个位置上,但我也从未想过自己会坚持这么多年。"

去意已决

2023—2024赛季,他回到了孟菲斯,这个他度过了短暂大学生涯的地方。他曾经带领孟菲斯大学队打入NCAA锦标赛决赛,这里的人对他的爱,也许只比芝加哥人少一点。在他作为灰熊队队员第一次披挂上阵的时候,孟菲斯的球迷集体起立为他鼓掌,因为他曾经是这座城市的英雄,也因为他又回到了这里,为年轻球员做出了示范。

身披与大学时代相同的23号战袍,罗斯在孟菲斯找回了一些自信。2023年11月24日,罗斯面对菲尼克斯太阳队9投8中,得到17分;11月29日,罗斯重返首发位,11投7中,得到14分,并有9次助攻入账,帮助球队105:91击败犹他爵士队；12月13日，罗斯在对阵休斯敦火箭队的比赛中出场31分钟，得到19分。一切看起来正在好转，他的职业生涯尚有生机，但就在两天后，罗斯在与火箭队的再次交手中腿筋受伤，而此伤势竟于次年1月到2月反复发作，导致他的出场场次与时间再次支离破碎。3月初，下背部的伤势令罗斯的状况雪上加霜，并最终使他不得不提前宣布赛季报销。

整个赛季，罗斯因伤仅出战24场，场均出场16.6分钟，得到8.0分1.9个篮板3.3次助攻。

在那之后，罗斯曾一度公开表达想要在2024—2025赛季重返灰熊队，但后来又更改了主意。在经过多轮协商之后，灰熊队最终在9月23日宣布，"尊重罗斯的意愿"，裁掉这位昔日的联盟MVP。与此同时，罗斯自愿放弃了原合同中剩余的336万美元工资，将这笔金额彻底从灰熊队的薪金空间里释放出来。超过300万美元的收入对NBA一名普通的36岁球星来说并非小数目，但罗斯去意已决，而这笔钱在其波澜壮阔的职业生涯里，确实也只是九牛一毛。

事到如今，情况已然明朗：罗斯在作为NBA球员的旅途中，即将走到终点。

"玫瑰"退场

许多人猜测他会与公牛队续签一份10天合同，然后以公牛队球员的身份退役，但罗斯并不愿意落入这样的俗套，果断于9月26日宣布退役。对于他曾达到的巅峰而言，这或许是一个令人感伤的结局，但也不完全如此，因为那个球迷们曾经热爱、支持，后来又反对，再后来又支持的德里克·罗斯，已经坦然前行，接受了自己，没有遗憾，没有"如果"，也不回头。

他只是向前看。

2025年1月2日，他在芝加哥街头开了一家快闪鲜花店，为每一位专程来看他的球迷献上一朵玫瑰。两日后，公牛队在主场举办了"德里克·罗斯之夜"活动，在与尼克斯队比赛的中场时间，为罗斯献上荣耀。从前的队友几乎全数到齐，包括远在非洲的洛尔·邓和常驻瑞士的萨博·塞福洛沙。22,491名球迷涌入联合中心球馆，一遍又一遍地呼喊着"MVP！MVP！"球队宣布将在2025—2026赛季退役罗斯的1号球衣，让它高悬于球馆上空，与迈克尔·乔丹和斯科蒂·皮蓬的球衣并列。

此时距离罗斯上一次披上公牛队战袍，已经过去了8年多。从历史上最年轻MVP的巅峰跌落，经历争议，经历重伤，辗转NBA各队后，芝加哥曾经最宠爱的儿子终于回到联合中心球馆，在玫瑰花柱旁拿起麦克风，对他的故乡再一次倾诉衷肠。

"有时候，当你变得伟大时，你也会招致怨恨，而当人们不喜欢你的时候，你必须展现出勇气。你要坚信自己的选择，坚信自己会成功，你要成为伟大的人。感谢芝加哥让我必须变得伟大，给了我这么高的期望。我一直在努力

变得伟大，只是我当时没有意识到我所处的环境。感谢所有从六年级、七年级、八年级就开始关注我的人，感谢你们见证了我的伤病、MVP、季后赛的失利与胜利，谢谢你们。"

　　罗斯站在球场的正中央，看着曾经熟悉的一切，那些热爱与怨恨、狂喜与剧痛，都在时光的法力下褪去颜色。他的旧日搭档诺阿在典礼的前一个环节里给了他一个异常紧密的拥抱，并亲昵地用从前的昵称"小熊"称呼他。而此时，罗斯却在自己发言的最后说道："我已经不再是过去的那个'小熊'，现在站在你们面前的，是一个全新的我，商人德里克·罗斯。"

　　在新闻发布会上，罗斯的发言更加令人深思："从前我总希望自己比实际年龄更大一点，因为我知道，到了十八九岁，我就能进入联盟。我想尽快到那里，但我不得不等待，那就像是一种折磨，因为你知道自己可能会成为改变家庭命运的那个人。我有三个哥哥，为什么是我？当时的我一直急不可耐地想要往前冲，现在回想起来，那或许是因为我缺乏自信。如果我足够自信，我就会知道我无论如何都会在这里。那些伤病是我从没想过的事情。因为痴迷于篮球，我无法发现自己是一个什么样的人。我痴迷于比赛，而不是热爱。所以我如果赢下1个总冠军，就会接着想要4个，而那会让我离真正的自己越来越远。"

　　罗斯说，从巅峰跌落，他才重新找回了自我："每个人的故事都不同。不知为何，我的故事最终变成了这样。作为芝加哥人，我们随遇而安，接受一切。"

　　如同那首名叫《玫瑰》（*The Rose*）的老歌：

只需铭记在冬日，
寒冷刺骨的积雪下，
也有种子沐浴着阳光赐予的爱，
等到春日到来，
便会绽放成最美的玫瑰。

名场面
十大经典战役

纵观罗斯绵延十几载的生涯，经典战役无数，或是决胜时刻"一剑封喉"，或是季后赛首秀惊艳爆发，或是大伤之后感天动地。这些战役激动人心、豪迈壮阔，让人热血沸腾，对于罗斯的球迷来说，每一场都恍如就在眼前。

顶级控卫宣言！霸气压制"55分先生"

北京时间2011年3月27日，公牛队客场挑战雄鹿队。此役罗斯面对的是得分能力极强的詹宁斯，詹宁斯在新秀赛季就曾拿下55分。在这样一场东部顶级控卫的对决中，罗斯再度彰显了自己遇强则强的特点，全场比赛他拿到30分17次助攻，创造了自己的NBA生涯助攻纪录。

而得分能力极强的詹宁斯，却在罗斯的严防死守之下彻底迷失，全场比赛詹宁斯15中5，仅仅拿到13分5次助攻，对位时完全被罗斯压制。

本场比赛关键的末节，罗斯一人贡献了10分4次助攻，完全主导了公牛队的进攻，率领球队打出26：13的悬殊比分，实现了末节逆转。在这场对决中，罗斯用个人数据和球队胜利向世人宣告了谁才是东部最强的控卫！

"古典后卫"表演！零罚球打出逆天效率

北京时间2020年2月29日，罗斯率领活塞队客场挑战太阳队，此役他献上了一场标志性的"古典后卫"表演。

全场比赛罗斯没有一次罚球，仅命中1记三分球，这样的数据与这个效率至上的时代格格不入。但罗斯却用自己稳定的突破和中投，全场24中15，拿到31分4次助攻，这样的效率和进攻方式如今也实属罕见。

更为难能可贵的是，末节罗斯一个人独揽13分，活塞队的最后两次进攻异常关键，罗斯用两次稳稳的强打命中，让太阳队逆转的希望破灭。

这就是罗斯——遭遇大伤之后，他依旧在用自己熟悉的方式主宰比赛，关键时刻他依旧拥有让人望而生畏的超级"大心脏"。面对联盟新生代后场球员的代表德文·布克，罗斯证明了昔日的MVP绝非浪得虚名，大伤和流浪难以磨灭他的"杀手本色"。

罗斯突破太阳队卢比奥的防守。

伤后浴火重生！季后赛"双加时"救主

北京时间2015年4月24日，公牛队在季后赛中再战雄鹿队，是役两队展开了荡气回肠的较量。全场比赛经历"双加时"方才分出胜负，公牛队客场惊险取胜。这场比赛对于罗斯而言是一场极其重要的战役，两个月前刚从膝盖重伤中康复归来，两个月后他便在季后赛中打出经典战役。

全场比赛罗斯23投12中，命中了5记三分球，高效地拿到了34分8次助攻。关键的常规时间最后时刻，他的罚球帮助公牛队将比赛拖入了加时赛。决定胜负的第二个加时赛，罗斯独得6分，比雄鹿队全队的5分还多。

这样一场胜利，不仅帮助公牛队取得总比分3:0的领先，拿到赛点，更宣告了罗斯王者归来。

尽管数次经历伤病折磨，但罗斯依旧能够在季后赛中出战48分钟、高效取分、关键时刻发挥作用，"风城玫瑰"未曾退场。

罗斯怒吼庆祝。

无惧东部霸主！
拿下31分击败詹姆斯

北京时间2010年4月23日，公牛队在季后赛中迎战骑士队，0∶2落后的公牛队已经在出局边缘，詹姆斯领军的东部霸主实力不言自明。然而"二年级"的罗斯并未轻言放弃，在这场输球基本宣告出局的比赛中，他与詹姆斯展开对决，最终公牛队险胜续命。

全场比赛詹姆斯的发挥不可谓不出色，他命中4记三分球，投篮命中率高达53.8%，全场拿到了39分。然而年轻的罗斯毫无惧色，同样打出了极高的水准。

全场比赛罗斯26投13中，以50%的命中率拿到了31分7次助攻，"二年级"便成为球队的绝对领袖。

比赛的末节，落后的骑士队展开了疯狂的反击，单节拿到了38分，几近翻盘，罗斯成为捍卫公牛队主场的重要人物。他在第四节独得11分，屡屡贡献关键得分，帮助公牛队锁定胜局。

这是罗斯第一次在季后赛中战胜詹姆斯——这位罗斯日后的宿敌，这样一场比赛也给年轻的罗斯树立了信心，为他之后不断进步的征程打下了坚实的基础。

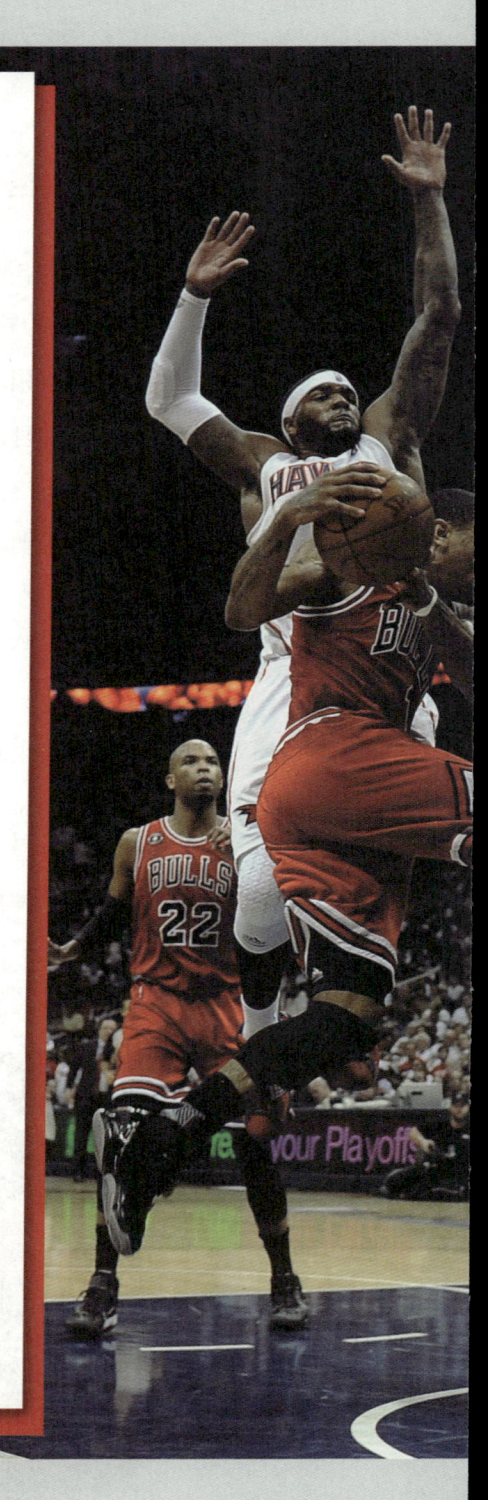

MVP 正名之战！
季后赛 44 分创纪录

2011年罗斯拿下了当赛季的常规赛MVP，成为NBA历史上最年轻的MVP。随之而来的季后赛，每一场对于他而言都是挑战。他成为对手的重点防守对象，也成为媒体镜头瞄准的对象。然而压力对于罗斯来说早已稀松平常，面对老鹰队的系列赛第三场，罗斯的生涯纪录诞生了。

北京时间2011年5月7日，公牛队迎战老鹰队，双方展开第三场较量，此前的两场比赛两队平分秋色。关键的第三战，罗斯主宰了场上的一切。

全场比赛，罗斯27投16中，其中三分球7投4中，独得44分7次助攻。要知道全场比赛公牛队全队不过拿到了99分，罗斯的得分占比之高让人瞠目结舌。

这场季后赛，罗斯完全证明了自己作为MVP的能力，用一场华丽的个人得分表演，拿到了NBA生涯季后赛单场最高得分，也帮助公牛队拿到了系列赛的关键胜利。之后，胜利的天平开始倒向公牛队。

击败上赛季冠军!
"准三双"为公牛队续命

这是罗斯生涯的首次季后赛之旅。北京时间2009年4月27日,公牛队主场迎战上赛季冠军波士顿凯尔特人队。

"绿军"此前已经2∶1领先,本场力争赛点。比赛中凯尔特人队一度无比接近胜利,末节开始还领先5分。

但随后,罗斯开启了捍卫主场的征程——整个第四节他一个人贡献了13分,帮助公牛队单节净胜5分,将比赛拖入加时赛。随后历经两个加时的鏖战,罗斯帮助球队拿到了胜利。

全场比赛,新秀罗斯贡献了23分11个篮板9次助攻的"准三双",三项数据全部是全队最高。面对凯尔特人队,年轻的罗斯和公牛队没有轻言放弃,他们拒绝在主场将自己送入绝境。罗斯在季后赛中没有收获过三双,此役的"准三双"表现,是他季后赛生涯中最全能的表现。

威震北岸花园！
季后赛首秀大爆发

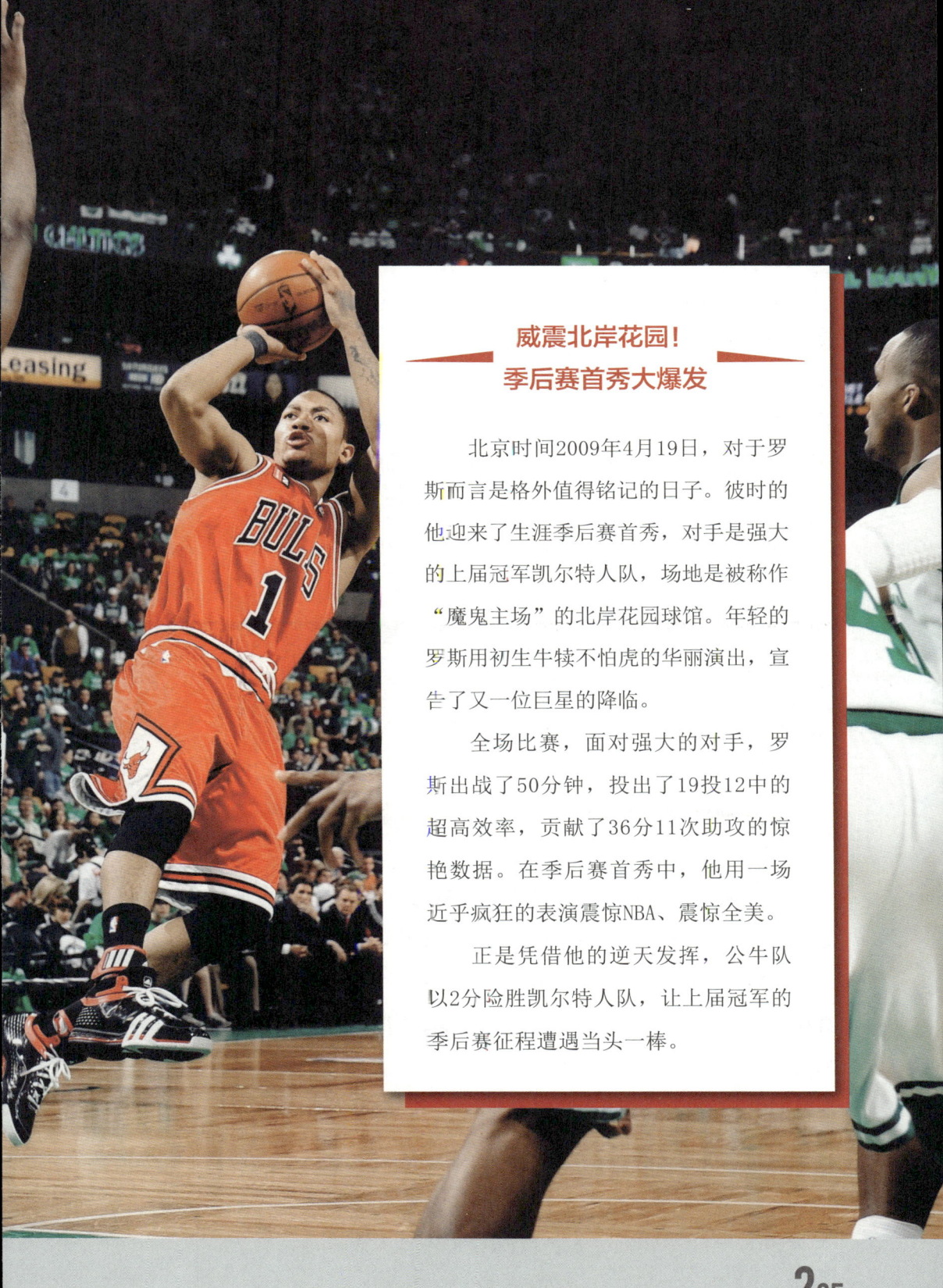

北京时间2009年4月19日，对于罗斯而言是格外值得铭记的日子。彼时的他迎来了生涯季后赛首秀，对手是强大的上届冠军凯尔特人队，场地是被称作"魔鬼主场"的北岸花园球馆。年轻的罗斯用初生牛犊不怕虎的华丽演出，宣告了又一位巨星的降临。

全场比赛，面对强大的对手，罗斯出战了50分钟，投出了19投12中的超高效率，贡献了36分11次助攻的惊艳数据。在季后赛首秀中，他用一场近乎疯狂的表演震惊NBA、震惊全美。

正是凭借他的逆天发挥，公牛队以2分险胜凯尔特人队，让上届冠军的季后赛征程遭遇当头一棒。

◀ 刷新生涯纪录！完美发挥击败联盟第一 ▶

　　北京时间2011年2月18日，罗斯率领公牛队挑战彼时的联盟第一马刺队。全场比赛罗斯的发挥几乎完美——尽管在三分线外毫无建树，但他全场28投18中，用一次次突破和中投，撕开了格雷格·波波维奇倾心打造的防线。

　　四节战罢，罗斯贡献了42分8次助攻，帮助公牛队击败了彼时46胜9负的马刺队，为对手送上赛季第10场失利。他也成为公牛队最近25年唯一在对阵马刺队的比赛中拿到40分以上并取得胜利的球员。

◀ 淡定三分绝杀！力压詹姆斯、欧文 ▶

　　北京时间2015年5月9日，公牛队主场迎战骑士队，双方展开系列赛第三场的较量。彼时站在罗斯对面的是詹姆斯和欧文的组合。

　　比赛的进程足以证明双方的求胜欲以及该场比赛的重要性。双方一直打得难分难解，比分犬牙交错，罗斯的球队带着1分的优势进入末节。随后双方展开了更为激烈的厮杀，终场前11秒，骑士队后卫J.R.史密斯命中三分，让双方比分来到了96平。

决定比赛胜负的最后一投，罗斯站了出来。他面对特里斯坦·汤普森的防守，果断地送上三分跳投，球空心入网，罗斯完成绝杀！

　　在那个饱受伤病困扰的赛季，罗斯再度证明了自己处理关键球的能力，天生的"大心脏"在彼时彰显无遗。全场罗斯贡献了30分7个篮板7次助攻，与老对手勒布朗·詹姆斯联袂上演了一场经典对战。绝杀之后，面对疯狂庆祝的队友，罗斯的表情略显淡定，但主场的球迷们早已沸腾。

玫瑰永不凋零！50分之夜感天动地

北京时间2018年11月1日，对于罗斯、NBA甚至整个篮球世界，都是值得铭记的一天。那天的赛场讲述了昔日的天才饱受伤病摧残，却拒绝向命运低头，在巅峰期已过之时打出生涯最耀眼表现的动人故事。

罗斯在森林狼队的主场拿到了50分，全场比赛31投19中，另外还贡献了4个篮板6次助攻。这是罗斯生涯的传奇之夜，比赛结束之后，他在赛场中心接受数万球迷的欢呼，眼含热泪地为自己的传奇之夜致辞。

比赛的最后一节，罗斯几乎以一己之力对抗骑士队全队，单节拿到15分，他不断用突破和中投取分，直至面对最佳防守球员戈贝尔上篮，完成了传奇之夜最后的杰作。

他是曾经的MVP，但伤病不留情面地摧残了他，四次大手术几乎让他失去了爆发力，曾经身骑白马手持银枪的少年，如今已是饱经沧桑的"流浪汉"。然而罗斯的梦想还在，那个曾经主宰芝加哥的意气风发的MVP未曾离开，身体固然已经不及当年，但追逐梦想的勇气和决心并没有消退。时隔8年再创生涯纪录，这样的故事热血又美好。

梦之队
奥运会成为永远的遗憾

纵观罗斯的NBA生涯,遗憾和惋惜成为绕不过的词语。历史上最年轻的MVP毁于伤病,未到巅峰却无奈陨落。实际上不仅是NBA生涯,罗斯的国家队生涯同样充满遗憾。2012年和2016年的两次奥运会,他都因为伤病遗憾无缘。巅峰期未能成为奥运会"梦之队"的成员,罗斯的两个世锦赛冠军只能是聊以慰藉。

2012年美国"梦之队"众星云集,却唯独不见罗斯的身影。彼时的他刚刚成为最年轻的MVP不久,势头正盛,本该在伦敦大放异彩,但伤病却阻止了这一切。

对阵76人队遭遇的重伤,不仅改变了系列赛的走势,更是让他只能长时间休战。彼时距离奥运会开幕已经只有寥寥数月,罗斯遗憾地错过了在巅峰期征战奥运会的机会。

最终,那届美国队在决赛中力克西班牙队,实现连冠。而罗斯只能在电视机前看着科比、詹姆斯摘金,遗憾和苦闷不言自明。

4年后,2016年里约奥运会时,因为频繁的伤病,罗斯早已不是美国队的一线后卫。竞争美国国家男子篮球队的奥运会席位本就困难,雪上加霜的是,那个赛季他又经历了膝盖和半月板的伤病,在自己巅峰期的尾声,他再次错过了奥运会。

罗斯在国家队生涯中仅有的慰藉就是2010年和2014年的世锦赛,他两次随队拿到了冠军。特别是2010年的世锦赛，彼时的罗斯已经是联盟的顶级控卫，自然也成为美国队的首发球员。

在星光熠熠的美国队内，他9次登场全部是以首发球员的身份，场均上场时间达到23分钟，可谓绝对主力。2014年，遭遇重伤后的罗斯再度成为"梦之队"的人选，并最终帮助球队拿到了该届世锦赛的冠军。

纵观罗斯生涯巅峰期那几年，联盟中的超级后卫并不少，诸如稳定的克里斯·保罗、同为状元秀的约翰·沃尔、球风极其吸引人的凯里·欧文。但从2010年的世锦赛竞争来看，巅峰期的罗斯丝毫不落下风。

可惜的是，无数次的伤病埋没了他的天赋。在从不缺天赋的美国"梦之队"，罗斯逐渐失去了自己的位置，**两度无缘奥运会也是其生涯最大的遗憾之一。**

2014年西班牙篮球世界杯，罗斯运球突破对手。